Der Gardasee stellt sich vor

Faszination Sirmione (→ S. 65): Der hübsche Ort auf einer schmalen Landzunge am Südufer des Sees lockt die Besucher in Scharen an.

94 **Routen und Touren**
Die schönsten Ausflüge und Wanderungen

96 **Über das Hochplateau von Tremósine**
Landidylle und schroffe Felswände

97 **An Pfahlbauten vorbei zu jahrhundertealten Buchen**
Rund um den Ledro-See

99 **Wanderungen auf dem Monte Baldo**
Im »Botanischen Garten Europas«

100 **Wissenswertes über den Gardasee**
Praktische Hinweise und Hintergrundinformationen

102 **Geschichte**
Jahreszahlen und Fakten im Überblick

104 **Sprachführer**
Nie wieder sprachlos

106 **Essdolmetscher**
Die wichtigsten kulinarischen Begriffe

108 **Der Gardasee von A–Z**
Nützliche Adressen und Reiseservice

116 Kartenatlas
122 Kartenregister
124 Orts- und Sachregister
127 Impressum

Karten und Pläne

Der Gardasee .... *Umschlagkarte vorne*
Riva, Salò, Sirmione, Torbole .... *Umschlagkarte hinten*
Malcésine *49*
Garda *55*
Bardolino *61*
Toscolano-Maderno *85*
Limone *91*
Kartenatlas *115–121*

Die Buchstaben-Zahlen-Kombinationen im Text verweisen auf die Planquadrate der Karten, z. B.

→ S. 116, C 4 Kartenatlas
→ S. 55, b 1
→ Umschlagkarte hinten, b 2

Mit Straßenkarte

Mildes Klima und landschaftliche Kontraste, schöne Buchten und romantische Städte, Olivenhaine und Zitroneneis – am Gardasee beginnt die italienische Verführung.

Blau schimmert er. Unglaublich blau. Ein leiser Wind kräuselt die Wellen. Die Luft ist samtweich. Olivenhaine glänzen in der Ferne. Es duftet nach Cappuccino und Espresso. Buon giorno, Lago di Garda! Das größte italienische Binnengewässer – 370 Quadratkilometer Fläche, 51,6 Kilometer lang, 2,4 bis 17,5 Kilometer breit und bis zu 346 Meter tief – ist im Norden eingerahmt von steilen Felswänden und Bergen, im Süden von einer lieblichen mediterranen Hügellandschaft umgeben, wo Palmen, Pinien und Zypressen in den Himmel wachsen. Romantische Uferstädtchen, stolze Castelli, trutzige Festungsmauern und ehemalige Fischerdörfchen mit ockerfarbenen Häuserfassaden säumen sein Ufer. Und Weinberge, an denen Trauben für edle Tropfen wie Valpolicella und Bardolino reifen.

Nach einer beschwerlichen Fahrt über die Alpen war der Gardasee Goethes erste Etappe auf italienischem Boden. Und nun fing das Abenteuer erst richtig an: Mit dem Boot auf dem See unterwegs – noch bis 1929 gab es hier keine Uferstraßen –, warf ihn der heftige Wind Ora in den Hafen von Malcésine. Als er dort in harmloser Absicht das militärisch genutzte Kastell zeichnete, wurde er als Spion verdächtigt und von den Venezianern verhaftet.

Solche Aufregungen bietet der See inzwischen nicht mehr, aber »herrlich belohnt« wird ein Aufenthalt auch heute noch. Viele, vielleicht zu viele, machen sich auf den Weg – im Sommer tummeln sich tausende in den engen Gassen der kleinen Ortschaften. »Il Garda« scheint dann fest in deutscher Hand zu sein, und im August, wenn im Land die meisten Betriebe schließen, rücken die Italiener an. Und der Wind, Schrecken der Reisenden in alten Zeiten, hat den Gardasee heute zum beliebtesten Surfrevier Mitteleuropas gemacht.

Das größte italienische Binnengewässer

Am Gardasee hat der Fremdenverkehr eine lange Tradition. Schon im 19. Jahrhundert schätzten Mailands vornehme Familien das milde Klima von Gardone und die Heilquellen von Sirmione; Österreichern bot Riva eine Abwechslung von Bad Ischl oder den Kurorten in Böhmen.

Von herber Schönheit ist die Landschaft im Norden des Gardasees.

Normale Sterbliche befanden sich hier stets in illustrer Gesellschaft – am Gardasee traf sich, was in der Welt der Kunst Rang und Namen hatte. Ibsen fühlte sich in Limone wohl, in Riva erholten sich Kafka und die mit ihm befreundeten Brüder Brod aus Prag. Nietzsche wäre bis zu seinem Lebensende gern dort geblieben. Auch Thomas Mann hielt sich zwischen 1901 und 1904 mehrere Male in Riva auf.

In der malerischen Locanda San Vigilio bei Garda war nicht nur das Künstlerehepaar Vivian Leigh und Laurence Olivier zu Gast, sondern auch politische Prominenz wie Winston Churchill und Prinz Charles oder neuerdings König Juan Carlos von Spanien.

Wer wie sie die stille Idylle sucht, wird auch heute noch Orte entdecken können, die ihren ursprünglichen Charakter bewahrt haben. Ob direkt am See oder im Gebirge, in den Wäldern, auf den blumenreichen Wiesen und schroffen Felsplateaus oder in den malerischen Dörfern.

Der Massentourismus, der hier vor vier Jahrzehnten Einzug hielt, hat diesem Urlaubsgebiet erstaunlich wenig anhaben können, trug aber in

Hotelangebot für jeden Geschmack

erheblichem Maße zur wirtschaftlichen und sozialen, folglich auch zur kulturellen Entwicklung der Gemeinden am Seeufer und im Hinterland bei. Schwindel erregend stieg die Zahl der Hotels und der verfügbaren Betten um den ganzen Gardasee herum seit 1959 an und übertraf bei weitem die durchschnittlichen Zuwachsraten in Italien.

Alte und junge Stammgäste haben es erkannt: Am Gardasee kommt jeder auf seine Kosten. Surfer, Segler, Wasserratten, Wanderer, Kletterer, Pflanzenliebhaber, Kur- und Erholungsbedürftige, Kunstinteressierte und Sonnenhungrige. Das Traumziel italienbegeisterter Deutscher hat nichts von seinem Charme eingebüßt; von einem »Teutonengrill« kann wahrhaftig nicht die Rede sein, denn am

Fest in deutscher Hand

Gardasee muss man nicht von morgens bis abends am Strand dösen. Die abwechslungsreiche Landschaft, in die der See eingebettet ist, bietet genügend Alternativen.

Wen reizt es nicht, bei klarer Sicht mit der Seilbahn auf den Gipfel des **Monte Baldo** – den viel besungenen »Hausberg« der Gardesaner – zu schweben und den See aus der Vogelperspektive zu genießen? Oder nach Osten auf die **Lessinischen Berge** hinüberzuschauen? Abenteuerlustigen bietet eine mehrstündige Gratwanderung auf der Baldo-Bergkette genau die richtige Herausforderung.

Das harmonisch sich ergänzende Miteinander von alpiner und mediterraner Landschaft, von Gebirge und Wasser, macht den besonderen Reiz dieser Gegend aus. Es bildet ein faszinierendes Kontinuum von Farben, Licht und Düften. Silberhell schimmern in der Abendsonne die im Wind sich wiegenden Blätter der Ölbäume an den terrassenartigen Hängen des Baldo in der Nähe des Sees, nicht zufällig »Riviera degli Olivi« genannt.

Fast schlagartig verändert sich die Naturkulisse im brisenreichen Norden. Ein fjordähnlicher, zerklüfteter Küstenabschnitt mit gewaltigen, von Gletschern glatt geschliffenen Felsenriffen bestimmt dieses Landschaftsbild. Ein ähnliches Wunder – aber von Menschenhand Anfang der Dreißigerjahre geschaffen – ist die tunnelreiche westliche **Seeuferstraße**, die sich zwischen **Limone** und **Gargnano** durch hohe, senkrecht in den See fallende Felsmassive windet.

Von 1888 stammt das imposante Grand Hotel (→ S. 82) in Gardone Riviera.

Weiter südlich, in den edlen Erholungsoasen von **Fasano** und **Gardone**, glaubt man sich in ein subtropisches Pflanzenparadies versetzt. Hier weht noch ein Hauch der Belle Époque, jener Zeit, in der die Damen der »besseren Gesellschaft« in den noblen Hotelvillen standesgemäß überwinterten – Ferienorte für nostalgische Gemüter, für jene, die sich eher in der Vergangenheit als in der Gegenwart beheimatet fühlen. Das sanft-hügelige Valténesi-Weingebiet, zwischen **Salò** und **Desenzano**, ist fest in den Händen der jungen Camping-Generation, die ihre Zelte in den Olivenhainen aufschlägt. Lieblich ist die flache Landschaft am südlichen Bogen des Gardasees bis nach **Bardolino**, eine Gegend, die schon die alten Römer schätzten und in der sie sich ihre Badevillen bauen ließen. Im Mittelalter konkurrierten bedeutende Herrscherfamilien, unter ihnen die Veroneser della Scala, miteinander um dieses Gebiet. Die nicht zu übersehenden, zahlreich erhaltenen Scaliger-Wehrburgen am See zeugen von Prunk und Pracht dieser Zeit.

Wer sich aber für Altertümer interessiert, die weit in die Vorgeschichte zurückführen, wird am Gardasee bald feststellen, dass diese von der Natur reich mit Gaben bedachte Gegend nicht erst auf die betuchten Herrschaften des Römischen Reiches warten musste, um »en vogue« zu sein. Menschen aus der vorgeschichtlichen Zeit hinterließen hier ausgiebig die Spuren ihrer Kultur. Das landschaftliche Miteinander von See und Gebirge muss ihnen wohl sehr günstige Lebensbedingungen gesichert haben. 3500 bis 4000 Jahre alt mögen die Pfahlbau-Siedlungsreste sein, die man am **Ledro-See** bei Molina di Ledro (knapp 20 Kilometer südwestlich von Riva) entdeckt hat.

Dort, im gleichnamigen malerischen Hochtal, kann man auch ein kleines, aber wohlgeordnetes Museum besichtigen. Die Fundstücke aus der Bronzezeit, zu denen – außer den vielen Pfählen – Holzpflug, Sicheln, Einbaum, Keramik- und Bronzegefäße, Waffen, Schmuck sowie die verschiedensten Gerätschaften gehören, geben dem Besucher einen sehr lebensnahen Eindruck von den Tätigkeiten der damaligen Vorfahren. Fast jährlich werden neue Funde aus der Zeit des Pfahlbaumenschen im südöstlichen Gardasee-Ufergebiet gemeldet.

Vorfahren in der Bronzezeit

Uralte Kunst in Felsen geritzt

Die Gletscher der Eiszeit hatten jene Felsplatten glatt geschliffen, in deren Fläche wohl ein Hirtenvolk vor vielen tausend Jahren seine religiösen Symbole und seine manchmal an Bilder von Klee oder Miró erinnernden Menschen- und Tierdarstellungen einritzte. Die meisten sind in der Umgebung von Torri gefunden worden, und wenn man nicht die Originale aufsuchen möchte, kann man sie anhand von Nachbildungen im Burgmuseum des Ortes bequem besichtigen. Im Original sollten Sie aber die Sehenswürdigkeiten erleben, die das Gardasee-Gebiet auch für Kunstliebhaber bietet.

Erst in den Jahren nach dem Zweiten Weltkrieg haben die Veroneser »ihren« Gardasee richtig wieder entdeckt. Gemeinsam mit den Mailändern sind sie treue Wochenendausflügler. Ihre Villen und die vieler deutscher Gardasee-Liebhaber fügen sich unauffällig in die Landschaft ein. Daran hat nicht einmal die Bodenspekulation etwas ändern können, denn die strengen Regeln der Bebauungsplanung setzen einem Ausufern der Bautätigkeit enge Grenzen. Die Harmonie der Landschaft spiegelt sich im Charakter der Menschen wider: Sie sind unbeschwert und einfühlsam und haben das Herz auf dem richtigen Fleck, auch wenn sie zuweilen wortkarg sind. In ihrer Art stehen sie den Süddeutschen fast näher als den italienischen Landsleuten. Die Gardesaner haben längst einen gehobeneren Lebensstandard, den sie auch dem Touristenboom der letzten Jahrzehnte verdanken.

Aber in der Hochsaison staunen – und stöhnen auch manchmal – die kaum über 160 000 Einheimischen. Ob am Strand, auf den Bergen oder in der Disco: Die Deutschen sind überall; vor allem aber in Limone, dem Lieblingstreff der Gruppenreisenden. Urlauber-Hochkonjunktur herrscht auch im malerischen Sirmione, das Pärchen und Thermalkurende gern in Beschlag nehmen. Was den Urlauber »betört«, liegt auch in der Luft: die süßlich-würzigen Düfte der Pflanzen und das mediterrane Flair. Vielleicht lassen Sie sich vom »Dolcefarniente« anstecken und verbringen halbe Tage im Straßencafé; vielleicht nutzen Sie auch die Nähe zu Verona, Vicenza, Venedig, Padua, Mantua, Bergamo und Brescia für eine Besichtigung der oberitalienischen Kunstschätze.

Der See verdankt seinen Namen übrigens der Liebesgeschichte von Zwergengöttin Engardina und dem Wassergott. Vor Kummer, weil sie nicht zusammenfinden konnten, verschwanden sie in einem großen See. Engardinas langes, blaues Haar verfärbte ihn dabei. Und wenn es einen Tag mal regnet und das Wasser nicht unglaublich blau schimmert, haben die Einheimischen eine Erklärung parat: Dann besucht Zwergenkönigin Engardina irgendwo ihr ehemaliges Reich ...

Die typische Gardasee-Forelle »carpione« (→ S. 17) ist bei Fischern und Feinschmeckern besonders begehrt.

Gewusst wo...

In herrlicher Lage direkt am See und umgeben von einer 3,2 Hektar großen Parkanlage verwöhnt das Grand Hotel a Villa Feltrinelli (→ S. 89) in Gargnano, eines der Fünf-Sterne-Hotels am Gardasee, seine Gäste auf höchstem Niveau.

Gemütliche Trattorien und edle Speiselokale, Familienpensionen und Grandhotels, bunte Märkte und elegante Boutiquen – rund um den Gardasee gibt es (fast) alles für (fast) jeden Geschmack.

Übernachten

Vom Campingplatz im Olivenhain bis zum Luxushotel mit Garten – groß ist die Auswahl.

Im Grandhotel Laurin (→ S. 77) in Salò, einer Jugendstilvilla, errichtet zu Beginn des 20. Jahrhunderts, können die Gäste die Pracht vergangener Zeiten genießen.

Der Tourismus am Gardasee hat Tradition. Während sich der Fremdenverkehr in anderen Teilen Italiens erst allmählich etablierte, verzeichnete der Gardasee seit etwa 1959 enorme Zuwachsraten, die weit über den gesamtitalienischen lagen. 1999 gab es bereits 980 Hotels rund um den Gardasee mit über 50 000 Betten, davon fünf Fünf-Sterne-, 89 Vier-Sterne-, 328 Drei-Sterne-, 313 Zwei-Sterne-Hotels und 245 mit einem Stern. Die Auswahlmöglichkeit ist also groß, besonders, wenn man noch die Campingplätze mit rund 23 500 Stellplätzen hinzurechnet.

Rechtzeitig buchen!

Die meisten Hoteliers haben sich auf die Bedürfnisse der ausländischen Gäste eingestellt. Das Frühstück trägt nordeuropäischen Essensgewohnheiten Rechnung: Das traditionelle Brötchen mit Butter und Marmelade wird zumindest um ein Mini-Büffet mit Käse- und Wurstaufschnitt bereichert. Die meisten Hotels haben von Ende Oktober bis Ostern geschlossen, ebenfalls die fast 3000 Ferienwohnungen und möblierten Einzelzimmer am See. Es empfiehlt sich deshalb, mindestens drei Monate vor dem geplanten Urlaub zu buchen. Im Internet können Sie unter www.gardapass.com eine Unterkunft buchen.

Zunehmend gefragt sind **Apartmenthäuser**: Hier wird täglich das Zimmer gesäubert und die Wäsche gewechselt. Ansehnlich ist auch das **Campingangebot** mit circa 127 Plätzen. Die meisten Zelte und Bungalows liegen zwischen Garda und Peschiera am Ostufer sowie zwischen San Felice del Benaco und Desenzano an der westlichen Riviera. Die einzige **Jugendherberge** (»ostello della gioventù«) am Gardasee ist in Riva.

B & B und Agriturismo

Groß im Kommen sind Bed & Breakfast-Angebote und Agriturismo, Urlaub auf dem Bauernhof. Diese Unterkünfte liegen in den meisten Fällen nicht direkt am Ufer und sind daher auch günstiger. In der Regel gilt: Je weiter weg vom See, desto weniger hoch die Preise. Für Unterkünfte, die nicht direkt am See liegen, spricht auch die Ruhe, denn vor allem in der Hochsaison tobt an den Ufern und auf den Piazze das Leben geräuschvoll bis spät in die Nacht.

Auch wenn Sie via Internet oder im Reisebüro gebucht und den gesamten Betrag für Ihre Unterkunft bereits im Voraus bezahlt haben, bestehen die Hotels in der Regel auf der Vorlage einer Kreditkarte. Wenn Sie nur mit Ihrer EC-Karte unterwegs sind, müssen Sie meist ein »deposito« von 50 € an der Rezeption hinterlegen. Bei der Abreise bekommen Sie das Geld wieder zurück.

Wer länger am See bleiben und individueller Urlaub machen möchte, könnte sich auch ein Ferienapartment mieten. Eine große Auswahl an Unterkünften in diversen Größen und an verschiedenen Orten mit Ansicht und Preisangaben finden Sie unter www.gardaworld.com/ita/apartments/list.

Seit kurzem besitzt der Vergnügungspark Gardaland ein eigenes Resort Hotel, das einen Kilometer vom Park entfernt liegt und eine gute Adresse für Familien mit Kindern ist. Morgens und abends gibt es Büffet, dazwischen spaziert das grasgrüne Maskottchen Prezzemolo als lebensgroßes Plüschtier, es gibt einen Shuttlebus zum Park, und niemand beschwert sich, wenn die Kinder mal etwas lauter sind (Gardaland Hotel Resort, 37014 Castelnuovo del Garda; Tel. 04 56 40 40 00, Fax 04 56 40 44 44; www.gardalandhotel.it).

Empfehlenswerte Hotels und andere Unterkünfte finden Sie jeweils bei den Orten im Kapitel »Unterwegs rund um den Gardasee«.

Essen und Trinken

Schlemmen rund um den Gardasee! Norditalien wartet mit Spezialitäten und edlen Weinen auf.

Viele Restaurants liegen direkt an den Uferpromenaden. Die Gäste können mit Blick über den See die regionalen Spezialitäten genießen.

Wo hat man schon die Gelegenheit, sich kaum vom Fleck, besser gesagt vom Tisch, zu rühren und doch – je nach Gusto – alles genießen zu können, was Trentino, Veneto und Lombardei zu bieten haben? Canederli, Carpione, Chiaretto: Das sind nur drei gastronomische Schlagwörter, um den Leser anzuregen, unseren Ratschlägen zu Küche und Keller zu folgen. Der Mund wird ihm dabei schon wässrig werden ...

Südländische Essgewohnheiten

»Frühstücke wie ein König« – wer nach diesem Motto lebt, wird in Italien nicht recht auf seine Kosten kommen. Einheimische beginnen den Tag nämlich meist nur mit einem »espresso« oder einem »cappuccino« und einer »brioche« (Teighörnchen), und auch das überwiegend im Stehen, an der Theke. Mittags darf es dann schon etwas mehr sein.

Wenn Sie erst abends richtig essen mögen, empfiehlt sich für den Hunger zwischendurch eine Pizzeria oder eine Snackbar. Die preiswerteren Restaurants bieten manchmal ein »menù turistico« an, eine vom Wirt zusammengestellte Speisenfolge zu vergleichsweise niedrigen Fixpreisen; allzu große Ansprüche darf man allerdings nicht stellen.

In Restaurants, die sich nicht weitgehend auf die Essensgewohnheiten ausländischer Touristen eingestellt haben, wird man es Ihnen übel nehmen, wenn Sie nur einen Teller Spaghetti bestellen. Hier erwartet man, dass der Gast die vollständige Menüfolge wählt, wie das in Italien üblich ist. Diese besteht aus Vorspeise, Hauptgericht und Dessert. In den meisten Trattorien und Osterien ist das inzwischen nicht viel anders – die Unterschiede zwischen den einfachen Gasthäusern von einst und den Restaurants haben sich heute weitgehend verwischt.

Ein feines Mittag- bzw. Abendessen besteht in Italien aus mindestens drei Gängen. Man beginnt mit einer leichten Vorspeise – zum Beispiel »prosciutto e melone« (Schinken und Melone) – oder geht gleich zum »primo« über, dem ersten Gang: Meist ist das ein Pasta- oder Risotto-Gericht. Das »secondo« (wörtlich: der »zweite« Gang) ist der eigentliche Hauptgang und besteht aus Fisch oder Fleisch. »Contorni« (Gemüsebeilagen) werden in der Regel extra bestellt. Den Abschluss bilden wahlweise oberitalienische Käsesorten, »dolci« (Süßspeisen) mit oder ohne Obst oder Eis. Danach trinken die Italiener noch ihren unerlässlichen schwarzen Espresso (nie einen »cappuccino«, wie es Ausländer häufig tun) und oft einen »amaro«, »grappa« oder einen herbsüßen Obstlikör dazu, wie den »liquore di cedro« aus der Zedernfrucht.

Zu jeder Mahlzeit werden Weißbrot oder knusprige »grissini«-Stäbchen gereicht; Stofftischtücher und Stoffservietten sind eine Selbstverständlichkeit. Dafür wird das »coperto«, ein Gedeck, in Rechnung gestellt. Der Preis für ein solches Gedeck kann, je nach Restaurant-Kategorie, zwischen einem und fünf € pro Person schwanken. Für »servizio« (Bedienung) werden 10 bis 15 Prozent des Gesamtbetrages berechnet, doch sind diese Beträge auf der Menükarte häufig schon im Preis inbegriffen. Daher muss man nicht unbedingt ein Trinkgeld geben. Ist man in einem Restaurant (»Trattoria«, »Osteria« usw.) mit Bedienung und Speisen zufrieden, hinterlässt man aber auf dem Tisch zusätzlich ein **Trinkgeld**. Wie hoch es ausfallen sollte, ist natürlich stets auch Gefühlssache. Als Faustregel kann jedoch gelten: von 0,50 € bis zu zehn Prozent der Rechnungssumme. Übrigens wartet man, bis die Bedienung das Wechselgeld gebracht hat, und lässt dann das Trinkgeld einfach auf dem Tisch liegen.

Wenn Mailänder oder Bresciani am Gardasee essen gehen, machen sie es »alla grande«, auf die großzügige Art. Sie frequentieren gern die gediegenen Insiderlokale in Desenzano, Gardone oder Gargnano am Westufer. Auf die Preise achten sie nicht, wohl aber auf die Qualität der Speisen. Wenn die sie zufrieden stellt, sind sie die glücklichsten Menschen auf der Welt und jederzeit bereit, für solche Gaumenfreuden noch tiefer in die Tasche zu greifen. An der östlichen Riviera sind First-Class-Restaurants seltener. Dafür ist dieses Seeufer umso reichlicher mit schlichteren Trattorien und preiswerten Pizzerias versehen, was dem schmaleren Geldbeutel zugute kommt.

Wichtig zu wissen: die Öffnungszeiten

Die meisten Gaststätten haben im Sommer keinen Ruhetag. Dagegen sind viele in den Wintermonaten durchgehend geschlossen. Es empfiehlt sich, immer vorher anzurufen, um sich zu vergewissern, ob ein Restaurant geöffnet hat, da die Ruhetage sich von Jahr zu Jahr ändern können. Den Deutschen zuliebe wird am Gardasee bereits ab 12 Uhr serviert. Warme Küche gibt es bis 14 Uhr. Abends stehen die Kellner schon ab 19 Uhr bereit. Gegen 22 Uhr haben die Köche Feierabend, die Gäste können aber mindestens bis Mitternacht sitzen bleiben.

Wen der Heißhunger zwischen 15 und 18 Uhr überfällt, der muss sich mit einem »panino« (belegten Brötchen), einem Eis in der »Bar« (Stehcafé) oder einer preiswerten »pizza al taglio« (Pizza zum Mitnehmen) von einer Pizzeria oder einem Stand auf dem Markt begnügen, denn zu dieser Zeit haben die Restaurants geschlossen.

Am Gardasee bieten alle drei umliegende Regionen – Trentino, Veneto und Lombardei – ihre Spezialitäten an.

Im gebirgigen **Trentino** erinnern die schmackhaften, schlichten Speisen fast an die deutsche Hausmannskost. Neben dem unübertroffenen »speck« (mit Kräutern gewürzter und

In Valeggio sul Mincio (→ S. 73), einem kleinen Ort unweit von Sirmione, haben sich mehrere Feinschmeckerlokale angesiedelt, die einen Abstecher lohnen.

geräucherter Schweineschinken) genießt man die »canederli«, die einheimischen Knödel, außerhalb Südtirols in Italien kaum bekannt. Meist werden sie wie Nudeln mit zerlassener Butter und Parmesan gegessen. Bei kühleren Temperaturen ist »carne salata e fagioli« (gepökeltes Rindfleisch mit Bohnen) das Leibgericht der Bergbewohner hinter Riva und Torbole. »Pancetta con polenta« (Bauchspeck mit Polenta aus Maismehl) wird auch im etwas südlicheren Teil der Berggegend nicht verschmäht.

Am Veroneser Ostufer wird »Risotto« mit Vorliebe als Alternative zu Pasta nach der Vorspeise aufgetischt. Je nach Zutat und Region gibt es viele Varianten. Ein wenig Geduld muss man allerdings mitbringen, denn Risotto als Fertiggericht taugt nichts, und die Zubereitung des frisch gekochten Reisgerichtes dauert mindestens 20 Minuten. Die kleinste Portion ist in der Regel für zwei Personen bemessen. Eine Kostprobe ist der »risotto alla tinca« (mit Schlei), »ai frutti di mare« (mit Meeresfrüchten) oder »alla seppia«, vom Tintenfisch ganz schwarz gefärbt, schon wert. Im Süden, bei Sirmione in Richtung Mantua, sollte man sich die »tortellini di zucca« (mit Kürbismousse gefüllte Teigtaschen) nicht entgehen lassen. Besonders lohnt sich ein kulinarischer Abstecher nach Valeggio sul Mincio, einem Dorf für Gourmets, das mit mehreren vorzüglichen Feinschmeckerlokalen lockt.

An der westlichen Riviera wartet die lombardische Küche mit einer exzellenten, in Wein geschmorten »ossobuco« (Kalbshaxe auf einem Gemüsebett und mit viel Petersilie garniert) auf oder mit einer hauchdünnen »cotoletta alla milanese« (zarte Wiener-Schnitzel-Art). Doch was wäre die Gardasee-Küche ohne »carpione«, die besondere, köstliche Gardasee-Forelle (im Volksmund auch »trota in carpione« genannt), das Lieblingsgericht aller Gardesaner von Riva bis Sirmione. Egal, wo man gerade Station macht, sie fehlt auf keiner guten Speisekarte. Sie wird überall ähnlich zubereitet, meist gegrillt oder mariniert. Als »antipasto« (Vorspeise) und Appetitanreger empfehlen sich zu einem Glas Weißwein die würzigen frittierten »alborelle« (im Dialekt auch »agole« oder »aole« genannt), kleine Sardinen, die täglich frisch aus dem See gefischt werden.

Regionale Spezialitäten

Die Liste der Spezialitäten ist lang. Kein Wunder, dass es die Gastwirte enttäuscht, wenn ausländische Gäste nur Bekanntes bestellen und nichts von den Köstlichkeiten aus der Küche des Hauses ahnen, die nur darauf warten, »entdeckt« zu werden. Seien Sie also experimentierfreudig, und vertrauen Sie den Empfehlungen des Obers. Die meisten Kellner sprechen relativ gut Deutsch und schätzen den Umgang mit deutschsprachigen Urlaubern, vorausgesetzt, sie zeigen kulinarisches Interesse.

MERIAN-Tipp

1 La Tortuga

Selbst aus Australien bestellen Feinschmecker rechtzeitig im Voraus ihren Tisch im Ristorante La Tortuga, um sich in diesem kleinen Gourmettempel in Gargnano kulinarisch verwöhnen zu lassen. Die Terrine von Gardasee-Fischen zergeht auf der Zunge. Die Zutaten sind stets frisch, der Service ist hervorragend. Ein Toplokal zum Schlemmen, Schwelgen, Schwärmen, den höchsten Ansprüchen entsprechend.

Via XXIV Maggio 5, Gargnano;
Tel. 0 36 57 12 51, Fax 0 3 66 57 19 38;
Mo abend und Di geschl. ●●●●

→ S. 118, C 6

Wenn Sie sich beim Abschied, nach einem gut gelungenen Essen, mit Handschlag und einigen anerkennenden Worten für den kulinarischen Genuss beim Chef bedanken, wird Sie der Wirt für alle Zeiten ins Herz schließen.

Schon die Scaliger hatten ihren Lieblingstropfen und tauften ihn auf den lieblichen Ortsnamen **Soave** (»sanft«). Dieser Weißwein ist trocken bis leicht fruchtig und gedeiht auch heute noch auf den Hügeln östlich von Verona. Inzwischen gehört er zu den DOC-Weinen der Gegend (**DOC = Denominazione di Origine Controllata**). Es handelt sich dabei um Qualitätsweine aus einem bestimmten Anbaugebiet. Sie werden aus unterschiedlichen Rebsorten und nach festgelegten Kellereimethoden gekeltert

Weine vom Gardasee

und haben außerdem einen vorgeschriebenen Alkoholgehalt. Weine mit dieser Bezeichnung werden staatlich kontrolliert.

Die meisten Weine der Gardasee-Region sind leicht und süffig. Am besten werden sie jung getrunken; die Weißweine schmecken eiskalt serviert am besten. Nachfolgend eine Kostprobe der bekanntesten Weine der Gegend:

Bardolino (DOC) Ein trockener, rubinroter Wein, ausgezeichnet geeignet zu Fleisch (vor allem Geflügel).

Chiaretto Der Roséwein wird im Valtènesi-Weingebiet, südwestlich des Sees, angebaut. Zart und süffig. Passt zu allen Fleischgerichten.

Custoza Auf der blutgetränkten Erde des Schlachtfeldes von Custoza, südlich des Gardasees, wächst die Weinrebe, deren Produkt dieser auch als **piccolo bianco** (ein Gläschen Weißwein an der Theke vor dem Mittagessen) beliebte, leichte und trockene, dem Soave ähnliche, appetitanregende Tropfen ist.

Lugana (DOC) Der feinste Weißwein aus der Trebbiano-Traube ist in der südlichen Umgebung von Sirmione beheimatet. Ideal zu Fisch, insbesondere zur gegrillten Gardasee-Forelle.

Tocai del Garda Ein lieblicher Weißwein, aus der Tokaier-Rebe, eignet sich ebenso hervorragend zu Fischgerichten.

Valpolicella (DOC) wächst im gleichnamigen Tal, ebenfalls trocken, mit leichtem Mandelgeschmack. Valpolicella gibt es von der preiswerten Tafelweinsorte bis zum alleredelsten Tropfen schweren, dunklen Rotweins. Ein Glas **Recioto Valpolicella Amarone Classico Superiore** eines guten Jahrgangs gehört zu den höchsten Gaumengenüssen des Weinkenners. Deutschen Touristen sind als Markenweine besonders die Namen **Bolla** und **Bertani** bekannt. Die Weine des Bertani-Produzenten sind qualitativ jedoch weitaus besser als die von Bolla. Vertrauenswürdig und empfehlenswert sind stets auch die Weine der gewissenhaft geführten und kontrollierten Genossenschaften, auf dem Etikett erkennbar durch die Bezeichnung **Cantina Sociale**.

Wer sich für empfehlenswerte Weinproduzenten am Gardasee näher interessiert, sollte in zuverlässigen Weinführern nachblättern.

Empfehlenswerte Restaurants und andere Lokale finden Sie jeweils bei den Orten im Kapitel »Unterwegs rund um den Gardasee«. In der Regel können Sie am Gardasee in fast allen Restaurants, Trattorien und Pizzerien mit den gängigen Kreditkarten (Visa, Mastercard, American Express) oder der EC-Karte bezahlen. Ausnahmen bilden kleinere Lokale im Hinterland.

MERIAN *live!*-QUIZ

GEWINNSPIEL: Monat für Monat eine Reise und weitere attraktive Preise zu gewinnen!

Um wen, was oder welchen Ort geht es hier?

»Der Ort Limone liegt nicht nur schön, auch die Einwohner haben es in sich. Mal rein medizinisch betrachtet. In den 1970er-Jahren entdeckte der Mailänder Arzt Cesare Sirtori zufällig bei ihnen eine von der Norm abweichende, genetisch bedingte Variante ihrer Apolipoproteine. Kurz: Limonesen bekommen keine Arterienverkalkung und werden ziemlich alt.

Nicht alt wurde der Gesuchte, der kein Einheimischer war. Zweimal kurte er, unweit Limone, in einer der Gemeinden am nördlichen Gardasee. Der Mann war so schmächtig, wie die Felsen mächtig sind. Schauderhafte Abhänge, doch sie inspirierten ihn. Abgründig wie die Felslandschaft ist auch die Geschichte, die er hier ansiedelte.

Darin wird ein Toter per Barke in den Hafen von Riva gebracht. Auf dem Schiff säugt eine Frau ein Kind, indes der Fährmann und zwei Gehilfen die Leiche in ein Haus tragen. All das interessiert die Bewohner des Ortes nicht. Nur Salvatore, der Bürgermeister, eilt herbei, eine Taube (»groß wie ein Hahn«) verriet ihm die Ankunft des toten Jägers. Kaum ist er mit ihm allein, schlägt der die Augen auf und spricht.

Der Bürgermeister bleibt gelassen und lauscht dem Jäger, wie er im Schwarzwald bei der Gemsenjagd in eine Schlucht fiel. In das Totenhemd sei er geschlüpft, »wie ein Mädchen ins Hochzeitskleid« – bloß das Fährschiff ins Jenseits, das verlor sein Steuer. Seitdem irre es mit ihm umher ... Eine seltsame Story? Für den gesuchten Autor ist sie ziemlich typisch.«

Felix Woerther

Wenn Sie die Lösung wissen, besuchen Sie uns doch im Internet unter **www.merian.de/quiz** oder senden Sie uns eine E-Mail an **quiz@travel-house-media.de**

Unter den Einsendern verlosen wir Monat für Monat attraktive Preise. Viel Glück!

presented by OLYMPUS

Einkaufen

Das reichhaltige Angebot in den Läden oder auf den Märkten ist ein wahres Fest für die Sinne.

Viele der »pasticceri« (Konditoreien) rund um den Gardasee backen noch nach traditionellen Rezepten und führen die Kunden mit ihren Köstlichkeiten, den »pasticcini« und »biscotti«, in Versuchung.

Kleider, Schuhe und Salami

Nehmen Sie sich Zeit für einen ausgedehnten Streifzug durch die vielen Boutiquen, Tante-Emma-Läden und über die Märkte rund um den See. Mit ein wenig Glück und Geschick lässt sich manches Kostbare und Köstliche entdecken.

Boutiquen und Feinkostläden

Italienerinnen kaufen gern in den Boutiquen und Schuhgeschäften von Sirmione, Salò oder Riva ein, den drei Gardasee-Orten mit Stadtcharakter. Auch die besten »salumerie«, Feinkostläden, sind hier beheimatet. In Torbole oder Limone fallen die Schaufenster der Sportgeschäfte mit ihren bunten Surfanzügen und -brettern ins Auge.

Kunst und Antiquitäten

Kunstfreunde und -sammler wird der Antiquitäten- und Trödelmarkt in Desenzano und Gargnano interessieren. Ob auf der Piazza oder im alten Kreuzgang – überall werden hier schöne Möbel und Lampen angeboten. In Torri del Benaco gibt es seit 1992 in den Sommermonaten unter dem Sternenhimmel den **Mercatino d'altri tempi** (wörtlich übersetzt: »kleiner Markt aus vergangenen Zeiten«). Eine Fundgrube für jene, die sich neben Antiquitäten auch für Fossilien, Mineralien und Kunstgewerbe interessieren.

Spezialitäten aus der Region

Spezialitäten sind das reine, kalt gepresste **Olivenöl**, der **Bienenhonig** aus den verschiedensten Blüten der Garda-Flora und die naturbelassenen **Rot-** und **Weißweine** der Umgebung. Besonders ursprünglich, kontrolliert und für seine Qualität preiswert bekommt man das Öl in den Genossenschaften (etwa in der Cooperativa Agricola von Limone oder im Consorzio Olivicultori von Malcésine). Auch das **Ölmuseum** in Cisano (→ S. 60) bietet erstklassiges Öl zum Verkauf an. Ein Geheimtipp für Öl und Wein ist u. a. Venturelli in Raffa di Pugnago, in den Valténesi-Hügeln südwestlich von San Felice del Benaco. Hier dominieren eindeutig die Weiß- und Roséweine, insbesondere **Lugana** und **Chiaretto**. Wer sich zunächst einen Gesamtüberblick verschaffen möchte, kehre in die Wein-(Imbiss-) Stube **Cantina Santa Giustina** ein. Unter diesem Kellergewölbe werden über 40 eisgekühlte Weißweine angeboten. Den trockenen Lugana sollte man auf keinen Fall verachten. In dieser Cantina gibt es ausnahmsweise keinen Weinverkauf über die Straße. Sonst ersteht (und kostet) man Qualitätsweine am besten in den so genannten »cantine«, den Kellereien der Weinproduzenten selbst. Allein in den Hügeln südlich von Bardolino gibt es mehr als 40 Weinbetriebe. Bardolino ist der Name von Ort und Rotwein in einem. Um einen guten **Bardolino** auszusuchen, sollten Sie bei der renommierten Kellerei Guerrieri-Rizzardi Station machen: eine seriöse Weinproduzenten-Familie mit alter Tradition. Nur Insidern bekannt sind hingegen die Bardolino-Weine der Kellereien La Rocca und Ca' Vecia. Wer in Malcésine verweilt, kann jede Art der süffigen Tropfen gleich an der Theke der winzigen Bottega del Vino kosten (→ S. 50).

Ein reiches Angebot an Frischobst und knackigem Gemüse finden Sie auf den **Märkten**. Dort gibt es neben Lebensmitteln meist auch Kleidung, Schuhe und Haushaltswaren.

Die **Öffnungszeiten** der Geschäfte sind von montags bis samstags von 9 bis 13 und von 15 bis 19.30 Uhr. Von Ostern bis Oktober haben viele Läden bis 22 Uhr geöffnet, ebenso an Sonntagen, einige sogar durchgehend.

Empfehlenswerte Geschäfte und Märkte finden Sie jeweils bei den Orten im Kapitel »Unterwegs rund um den Gardasee«.

Feste und Events

Ob Fischer-, Wein- oder Strandfest – ein Grund zum Feiern findet sich immer ...

Centomiglia, die bekannteste Segelregatta am Gardasee, die am Yachthafen von Bogliaco (→ S. 88) startet, lockt zahlreiche Zuschauer an das Seeufer. Hübsch ist der Anblick der unzähligen weißen Segel, die im Sonnenlicht glänzen.

Das Angebot an Festivitäten rund um den Gardasee ist reichhaltig. Neben religiösen Feierlichkeiten gibt es zahlreiche Fischer- oder Weinfeste. Für die ganz große Abendunterhaltung sorgt die Arena in Verona.

März

Festa di mezza quaresima

Damit das Fasten nicht gar zu mühselig wird, feiern die Bewohner von Limone »Halbzeit« (wörtlich »das Fest der halben Fastenzeit«).
Info: IAT (→ Auskunft, S. 93)

April

Karfreitagsprozession

Ein besonders beeindruckendes Fest findet bei Castelletto di Brenzone, südlich von Malcésine, statt: die Darstellung des Passionsgeschehens.

Mai

Bike Festival

In Riva treffen sich mehr als 4500 Biker aus allen Teilen der Welt und strampeln über die Bergstrecken.
1. Mai

San Filippo Neri

Torris Schutzheiliger wird mit einer nächtlichen Segelregatta geehrt. Der Höhepunkt: Auf dem Wasser wird ein kleines Segelboot verbrannt, und hunderte von kleinen Lichtern werden über die Wellen geschickt.
26. Mai

Juni

Festa popolare del lago

Gardasee-Fische und Weißwein gibt es kostenlos auf der Piazza Garibaldi in Limone.
ein So im Juni; Info: IAT (→ Auskunft, S. 93)

Palio delle Bisse

An dieser traditionsreichen Rudermeisterschaft nehmen fast alle Ferienorte am Gardasee reihum teil. Jede Ortschaft besitzt eine »bissa«, ein Wettkampf-Ruderboot. Im Stil venezianischer Gondolieri rudern je vier Teilnehmer stehend in ihrem Boot.
Juni–Sept. jeden So; www.legabissedelgarda.it

Juli

Fiera S. Maria Maddalena

Ein Markt mit vielen Verkaufsständen (u. a. Kleider, Lederwaren) findet alljährlich in Torbole am Seeufer statt.
22. Juli

Festa dei SS. Benigno e Caro

Kostproben lokaler Leckerbissen bietet das Fest zu Ehren der beiden Schutzheiligen von Malcésine.
26. Juli

Carnevale del Sole

Die Geschäftsleute von Salò kamen vor einigen Jahren auf die Idee, einen Karneval im Sommer zu veranstalten.
letzter Sa im Juli

Juli–August

Festa dell'Ospite

Fast alle Orte feiern ein Fest zu Ehren ihrer Feriengäste. Musik und Tanz sorgen für gute Stimmung, regionale Spezialitäten für Gaumenfreuden.
in der Hochsaison

Jazz-Abende

Jazz-Abende finden in Torbole in Strandnähe unter einem Zelt statt.
Juli oder Aug.; Info: APT (→ Auskunft, S. 45)

Konzerte

Musikfreunde wird das Programm der »Musica Riva« interessieren. Begabte junge Künstler aus aller Welt stellen ihr Können in einer Reihe von Konzerten unter Beweis. Musikabende finden auch in Sirmione, Salò, Colà bei Lazise, Garda, Gardone Riviera, Gargnano, Toscolano-Maderno, Bardolino und Malcésine statt, Orgel- und Chorkonzerte in mehreren Kirchen (z. B. in Torri del Benaco und in Bardolino).
Auf die Sommermonate verteilt; www.musicarivafestival.com

Kunstausstellungen
Kunstliebhaber kommen in Torbole jeweils im Pavarese-Park und in der Via Segantini auf ihre Kosten.
Juli und Aug.;
Info: APT (→ Auskunft, S. 45)

Opernfestspiele in Verona
Von Juli bis Anfang September herrscht Festspielfieber in Verona. Die Opernaufführungen starten um 21 Uhr, doch schon ab 19 Uhr bilden sich lange Schlangen vor den Eingängen. Man kann die Arena-Karten auch im Reisebüro in Deutschland buchen oder auf dem Postweg bestellen und per Auslandsüberweisung bezahlen Wenn Sie bei einem der örtlichen Reiseveranstalter vor Ort (z. B. Benatours) buchen, sind Opernkarten und Hin- und Rückfahrt im Pauschalpreis inbegriffen.
Juli und Aug.; Auskunft und Buchung: Ente Arena, Piazza Brà 28, 37121 Verona; Tel. 04 58 05 18 11, Fax 0 4580 15 66; Theaterkasse: Arena di Verona, Via dietro Anfiteatro 6b, 37121 Verona; Tel. 04 58 00 51 51, Fax 04 58 01 32 87; www.arena.it; E-Mail: ticket@arena.it

August

Segelwochen, Windsurfmeisterschaften
Riva, Campione und Torbole sind stolz auf ihre sommerlichen Segelwochen; in Torbole findet zusätzlich eine Surfmeisterschaft statt.
Hochsommer

Festa di Sant'Ercolano
Zu Ehren des Schutzheiligen Sant' Ercolano feiert man in Maderno ein ausgelassenes Fest mit abschließendem großem Feuerwerk.
11./12. Aug.

Palio delle Contrade
Spannend ist das Wettkampfrudern der Bewohner von Garda an Mariä Himmelfahrt. Die acht Ortsteile stellen jeweils einen Ruderer.
15. Aug.; Info: IAT. (→ Auskunft, S. 55)

Sagra di San Bernardo
Die alte Tradition des Festes ist 1993 in Garda wieder ins Leben gerufen worden: vier Tage Volksfest mit viel Essen, Trinken und Musik.
19.–22. Aug.

Notte di fiaba
Diese »Märchennacht« wird in Riva gefeiert. Schönes Feuerwerk mit Musik. Dazu werden gratis frittierte Sardinen gereicht.
Ende Aug.; www.nottedifiaba.it

September

Centomiglia
»100 Meilen«, die renommierteste Segelregatta, startet in Bogliaco.
ein Wochenende im Sept.; www.centomiglia.it

Feuerzauber
Feuerzauber am Nachthimmel gibt es am Hafen von Toscolano.
8. Sept.

Festa alpina
Ein Alpenfest mit regionalen Spezialitäten und Livemusik wird auf der Segala Bonaventura, einer Berghütte in Fortini bei Limone, gefeiert.
2. So im Sept.

Rock Master
Mitte September versammeln sich alle Kletterfreaks in Arco zum Rock-Master-Kletterturnier.
Info: APT in Arco; Tel. 04 64 53 22 55; www.rockmaster.com

Festa dell'Uva
Bardolino kredenzt seinen Rotwein auf einem Traubenfest. Mit Feuerwerk am Abend.
letztes Wochenende im Sept. oder erstes Wochenende im Okt.

Dezember

Natale tra gli Ulivi
Garda feiert die Weihnachtszeit mit Konzerten und Weihnachtsmarkt.
Ende Nov. bis Anfang Jan.

Sport und Strände

Surfen, Segeln, Biken und Wandern – der Gardasee ist ein Paradies für Aktivurlauber.

Surfen ist unbestritten die Sportart Nummer eins am Lago di Garda. Gerade der nördliche Teil des Sees, etwa die Bucht von Torbole, ist aufgrund der günstigen Wind- und Wasserverhältnisse ideal für diesen Wassersport.

Die Palette der Sportmöglichkeiten am Gardasee und in seiner Umgebung ist breit gefächert und erstreckt sich dank der Skisaison sogar auf das gesamte Kalenderjahr. In den Hügeln und Bergen der West-, Nord- und Ostküste gibt es unbeschränkte Möglichkeiten zum Wandern und Klettern. Mountainbike-Touren an den Abhängen sind besonders populär; es fehlt aber auch nicht an Reitpfaden. Die Zahl der Golfplätze ist in stetigem Anstieg. Wassersport wird natürlich überall an der Küste groß geschrieben. Schwimmen ist in den sauberen Gewässern praktisch ohne Einschränkung möglich. An der Südküste ist das Ufer flach und kinderfreundlich, dann fällt es, nach Norden hin, immer steiler ab. Zum Segeln und Wasserskifahren ist die weite Seefläche geeignet. Wind- und Wasserverhältnisse machen aus dem nördlicheren Teil des Sees ein Surfparadies.

Angeln

Bevor man zum Angeln geht, muss man eine Angelgebühr (»tassa per la pesca«) von ca. 8 € beim Postamt einzahlen (für 3 Monate gültig). Die besten Angelplätze liegen bei Sirmione, Salò und Toscolano. Forellen fängt man bei Toscolano im gleichnamigen Wildbach.

Golf

Arzaga Golf Club
→ MERIAN-Tipp, S. 29

Ca' degli Ulivi → S. 119, D 8
(27 Löcher)
Marciaga bei Garda; Tel. 04 56 27 90 30

Circolo del Golf → S. 118, C 6
(9 Löcher)
Bogliaco (Wegweiser); Tel. 03 65 64 30 06

Gardagolf Country Club
(27 Löcher) → S. 120, B 9
Soiano del Lago, zwischen Salò und Desenzano; Tel. 03 65 67 47 07; www.gardagolf.it

Golfclub Verona
(18 Löcher) → S. 121, östl. F 11
Sommacampagna, südlich von Peschiera; Tel. 0 45 51 00 60; www.golfclubverona.com

Klettern und Free-Climbing

An den Felswänden von Arco, Nago, Riva und Torbole können sich Anhänger dieser Sportarten erproben.
Riva Info APT (→ Auskunft, S. 39); Tel. 04 64 55 44 44

Mountainbike-Fahren

Ideal sind die Berge hinter Limone, Riva, Torbole und der Monte Baldo. Mountainbiker finden hier ein extremes Terrain und atemberaubende Abfahrten. Eine der schönsten Bike-Touren führt auf den **Monte Tremalzo**.

Fahrradverleih
3-S Bike Scott Tour
→ Umschlagkarte hinten, b 1
Via Matteotti, 25/b, Torbole; Tel. 04 64 50 60 77

Carpentari-Sport
→ Umschlagkarte hinten, b 1
Via Matteotti, 16, Torbole; Tel. 04 64 50 55 00

Green Bike
→ Umschlagkarte hinten, a 2
Via Bastione 71, Riva; Tel. 04 64 55 54 31

Bike Shop Extreme → S. 49, b 1
Via Panzano 10, Malcésine; Tel. 0 4 57 40 02 45

Mountainbike- und Vespa-Vermietung Luigi Tombola
→ S. 91, östl. a 1
Via Eianaudi 1B, Limone; Tel. 03 65 95 40 51

Paragliding

An einem Schirm durch die Luft schweben, den See von oben sehen, grenzenlose Freiheit...
Paragliding Club, Via Navene 23, Malcésine; Tel. 03 60 84 35 18

Reiten

Für Ausritte zu empfehlen sind die hügelige Landschaft hinter Garda und die Pfade des Monte-Baldo-Abhanges (mit herrlichen Blicken); schön ist es auch in den Hügeln von Tremósine oberhalb von Limone.

La Betulla → S. 116, C 4
Dieser Landwirtschaftsbetrieb organisiert auch Ausritte.
Vesio, 5 km von Pieve di Tremósine; Tel. 03 65 95 10 22 (reservieren!)

Segeln

Circolo Vela → Umschlagkarte hinten, c 3
Kurse auch für Kinder.
Via Lungolago Verona, Torbole; Tel. 04 64 50 62 40, 50 53 50; www.circolovelatorbole.com

Fraglia Vela Malcesine → S. 119, F 5
Der neue Segelclub mit allen Raffinessen ist Malcesines ganzer Stolz: 1100 qm, 100 Bootplätze zu Land, 200 zu Wasser, Parkplätze für 160 Autos. Auch die italienische Olympiamannschaft trainiert hier.
Loc. Navene; Tel./Fax. 04 56 57 04 39; www.fragliavela.org

Strände

Der über 150 km lange Küstenstreifen, der den Gardasee säumt, besteht aus feinen und gröberen Kieselsteinen. Die Strände sind sehr schmal und liegen meistens direkt an der Straße. Hat man ein Sandfleckchen entdeckt, befindet es sich ganz sicher vor einem Hotel. Denn Sandstrand ist rar. Parallel zur Gardesana-Seeuferstraße gibt es kilometerlange Kieselstrände. An der Spitze der Halbinsel von Sirmione steigt man am schönen **Grotte di Catullo**-Strand direkt vom Felsen ins Wasser. Zum Schwimmen im Tiefen muss man aber weit hinaus. Aus ähnlichem Grund ist der **Del Vo**-Strand im gleichnamigen westlichen Ortsteil Desenzanos für plantschende Kinder besonders vorteilhaft.

Al Cor → S. 117, E 3
Am 500 m langen Strand tummeln sich Surfbegeisterte aus aller Welt. Wer kein eigenes Board dabei hat, kann sich hier auch eines ausleihen.
Torbole

Parco Baia delle Sirene → S. 118/119, C/D 8
Liegt besonders idyllisch am Fuße eines Olivenhains.
Punta San Vigilio; nördlich von Garda; Eintritt 10 €

Bardolino → S. 119/121, D 8/E 9
Von der Punta Cornicello bis nach Garda erstreckt sich der Strand auf einer Länge von 2 km.

Grotte di Catullo → S. 120, C 9
Der schönste der vier Strände in Sirmione, an der Spitze der Landzunge.
Sirmione

Limone → S. 116, C 4
Der ruhigste Strand befindet sich in der Nähe des Hotels Italia.

Pini-Sabbionistrand → S. 117, D 3
Befindet sich zwischen Porto S. Niccolò und Punta Lido.
Riva

Rimbalzello → S. 118, B 7
Sehr gepflegter Privatstrand mit großer Liegewiese.
Bei Gardone; Eintritt 5 €

Toscolano-Maderno → S. 118, B/C 7
Von den drei Stränden liegt der schönste am Lungolago Zanardelli.

Surfen

Unbestrittenes Surfrevier Nr. 1 am Gardasee ist Torbole. Daneben sind auch Riva, Limone, Malcésine und Torri bei den Surfern beliebt. Das Surfbrett darf von einer Stunde nach Sonnenaufgang bis zum Sonnenuntergang und nur bei guter Sicht benutzt werden. Das Anlegen von

Schwimmwesten ist am Gardasee bei Surfern Pflicht. Wer ohne erwischt wird, zahlt ein sattes Bußgeld.

Geri Surfcenter → S. 91, C 2

Capo Reamol, Limone;
Tel. 03 65 95 40 40; www.gerisurf.com

Nautic Club Riva

→ Umschlagkarte hinten, südöstl. c 1

Viale Rovereto 44, Riva;
Tel. 04 64 55 24 53;
www.nauticclubriva.com

Vasco Renna »Fanatic Center«

→ Umschlagkarte hinten, b 2

Kurse und Touren.
Colonia Pavese, Torbole;
Tel. 04 64 50 59 93 (Sommer);
www.vascorenna.com

MERIAN-Tipp

2 Golfhotel Palazzo Arzaga

Eine Kastanienallee führt hinauf zum ehemaligen Benediktinerkloster, heute eine Luxusherberge mit feudalen Salons und freskenverzierten Gemächern (grandios: die Suiten Nr. 122, 101 und 102). Prachtblick auf die beiden traumhaft schön gelegenen Golfplätze: Gary Player kreierte 1998 das 9-Loch-Gelände; Jack Nicklaus II schuf den zweiten 18-Loch-Platz. Neben einer Golfschule und einem Club-House-Restaurant kann sich der anspruchsvolle Gast u. a. im Thermalbad oder im Fitnesscenter regenerieren. Ganzjährig geöffnet. Anfahrt: Autobahn A4 Mailand–Venedig, Ausfahrt Desenzano, dann Richtung Padenghe und Bedizzole.

25080 Carzago di Calvagese della Riviera; Tel. 0 30 68 06 00,
Fax 03 06 80 62 70;
www.palazzoarzaga.com → S. 120, A 9

Wandern

Am schönsten sind die Höhenwege auf dem **Monte Baldo**. Herrliche Ausblicke auf den Gardasee und die umliegenden Gipfel genießt man auch vom **Monte Altissimo** aus (von Nago am besten zu erreichen) und von den Bergen oberhalb von Salò, Toscolano-Maderno, Limone und Riva. Auch das **Hochplateau** von **Tremósine** am Westufer bietet wunderschöne Ausflugsmöglichkeiten. Eine herrliche Aussicht auf den See und den Monte Baldo hat man von **Pieve** aus, dem Hauptort der Gemeinde Tremósine. Wanderwege führen auch zum **Monte Tremalzo** und zum **Monte Tignale**. Wer Torri del Benaco zu seinem Urlaubsort erkoren hat, sollte sich Spaziergänge im »Hinterland« des Ortes nicht entgehen lassen. Der üppig bewachsene Berghang lässt auch längere Wanderungen zu. Auf der **Strada dei Castei**, die von Torri nach Garda führt, kommt man nicht nur zur Punta San Vigilio mit der Sirenenbucht – von hier aus gelangt man auch zum Hang des **Monte Luppia**. An seinen Felswänden fand man 1964 die ersten und wichtigsten Felszeichnungen des Gardasee-Gebietes. Sie stammen aus der Bronzezeit. Bei Crero, auf halbem Weg zwischen Torri del Benaco und Pai, können aufmerksame Urlauber ebensolche prähistorischen Kunstwerke entdecken. Oberhalb von Torri del Benaco, am Ostufer, hinter Albisano und Prada, bietet sich das Gebiet des Bergrückens **Costabella** bis zum Monte Baldo zum Wandern an.

Wanderkarten sind beim IAT in Garda (→ Auskunft, S. 55) und Spaziergangkarten beim IAT in Torri kostenlos erhältlich. Sechsstündige Wanderungen mit kostenloser Führung zu einer urigen Berghütte hinauf organisieren von Limone aus die örtlichen Alpenjäger von Juni bis Sept. jeweils am So. Info IAT (→ Auskunft, S. 93). Die Wanderkarte »Gruppo della Rochetta« ist in deutscher Sprache kostenlos beim APT erhältlich (→ Auskunft, S. 39).

Familientipps – Hits für Kids

Gardasee heißt für Kinder alles andere als Langeweile! Attraktionen in Hülle und Fülle!

Hat man alle Attraktionen und Fahrgeschäfte ausprobiert, kann man den Besuch des Vergnügungsparks Gardaland abends mit einem Restaurantbesuch, etwa im indischen Tempelrestaurant »Aladino«, ausklingen lassen.

Im Umkreis des Gardasees ist Gardaland bei weitem nicht die einzige Anlage, die Kinderscharen erwartet. Es gibt für den Spaß der Kleinen Wasserparks mit Sport- und Spielgelegenheiten, mit Rutschbahn und Kletternetz, Plantschbecken und Minigolf. Feuerwerk und Volksfeste zum Bestaunen und Miterleben arrangieren alle größeren Ortschaften für die Gäste. Man kann die Kinder mitnehmen auf Autosafari, in den Zoo, in den Dinosaurierpark, in den Botanischen Garten, auf Seekreuzfahrt, sogar in die römische oder prähistorische Vergangenheit.

Aqua Paradise Park → S. 121, E 10
Die größte Wassersport-Attraktion am See: Wasserrutschbahnen, Kletternetz, geheizte Swimmingpools (25 °C) und Wellenbad. Zwei weitere Attraktionen des Parks sind Eislaufen unter strahlender Sonne und eine 30 m hohe Rutschbahn.
An der Gardesana-Straße (3 km südlich von Lazise); Tel. 04 56 96 99 00; www.canevaworld.it; Mitte Mai–Mitte Sept. tgl. 10–18 Uhr, Juli, Aug. 10–19 Uhr; Eintritt Erwachsene 21 €, Kinder 18 €

Gardaland → S. 121, E 10
Riesiger Vergnügungspark à la Disneyworld für einen tagesfüllenden Ausflug. Zum vielseitigen Programmangebot gehört auch eine Robben- und Delfinshow. Vermeiden Sie wegen des enormen Besucherandrangs das Wochenende!
3 km von Peschiera in Richtung Lazise an der Gardesana-Straße. Neue Gaudi für Kinder: »Gardaland-Station« à la Far West, am Bahnhof Peschiera. Von dort: gratis Pendelbus; Tel. 04 56 40 03 00, 6 44 97 77; www.gardaland.it; Ende März–30. Sept. tgl. 9.30–18 Uhr; 22. Juni–9. Sept. tgl. 9–24 Uhr; Okt. nur Sa und So 9.30–18.30 Uhr; Eintritt Erwachsene 32 €, Kinder von 2 bis 10 Jahren 26 €, Tickets nach 20 Uhr: 20 €; zu den Vorführungen im größten Delfinarium Italiens Palablu zusätzlich 5 €

Grotte di Catullo → S. 120, C 9
Besichtigt werden hier keine Grotten, sondern die Reste einer antiken römischen Riesenvilla. Eine faszinierende Ruinenlandschaft in herrlicher Lage und mit wunderbarem Blick über den Gardasee. Kinder fahren gerne mit der Bimmelbahn dorthin.
Sirmione; Öffnungszeiten und Eintritt (→ S. 67).

Movieland Studios → S. 121, E 10
Ein »Hollywood«-Park, ganz den Spezialeffekten der Kinowelt gewidmet (u. a. mit Livetricks von echten Stuntmen, Gruselspaziergang im Dunkeln und rasanten Wasserfällen), der nicht nur die Kinder beeindruckt.
Lazise, Via Fossalta 1; Tel. 04 56 96 99 00; www.moviestudios.it; April–Ende Sept. tgl. und im Okt. Sa–So 10–18, Juli, Aug. So–Fr 10–19, Sa 10–23 Uhr; Eintritt Erwachsene 21 €, Kinder 18 €

Parco Natura Viva → S. 121, F 10
Autosafari und Tiergarten
Der Autosafari-Park – unter deutscher Leitung – befindet sich auf einem 24 ha großen Gelände, 10 km von der Brenner-Autobahnausfahrt »Affi« entfernt (ausgeschildert). Hier können Sie im eigenen oder auch geliehenem Auto in hügeliger Landschaft mindestens eine Stunde lang (allerdings nur bei geschlossenem Fenster) Nashörner, Löwen und Tiger im Freien beobachten. Auf dem Gelände befindet sich auch ein Tiergarten (Parco Faunistico), in dem seltene Tierarten und naturgetreue Nachbildungen von Dinosauriern zu sehen sind, außerdem ein tropisches Vogelhaus und ein Aquarium mit tropischen Fischen.
Località Figara, 37012 Bussolengo (VR); Tel. 04 57 17 00 52; www.parconaturaviva.it; März–Okt. tgl. 9–18 Uhr; Nov. Mi geschl.; Eintritt für beide Parks April–Okt. Erwachsene 17,50 €, Kinder bis 12 Jahren 14 €, März, Nov. Erwachsene 16 €, Kinder bis 12 Jahren 13 €

Unterwegs rund um den Gardasee

Ein beliebtes Ausflugsziel: Limone (→ S. 90) am Westufer des Gardasees. Der malerische Ort mit kleinem Hafen und verwinkelter Altstadt ist von Zitronenhainen umgeben.

Am Gardasee wartet jeder Ort mit seinem ganz eigenen Charme auf. An alte Zeiten erinnern die idyllischen Stadtkerne, oft im Schatten zinnengekrönter Burgen gelegen.

Der Norden

Das Nordufer des Sees ist eingerahmt von Bergen und dank der Windverhältnisse ein Surfparadies.

Bereits seit dem Ende des 19. Jahrhunderts entwickelte sich Riva, die zweitgrößte Stadt am Gardasee, zum beliebten Ferienort.

Der nördliche Teil des Gardasees präsentiert sich als Naturparadies für Aktivurlauber. Hierher kommen die Surfer und Segler, um die optimalen Windbedingungen zu nutzen, aber auch die Bergsteiger, Mountainbiker und Freeclimber, um sich in den umliegenden Bergen den Adrenalinkick zu holen.

Die am Nordufer gelegenen Ferienorte Riva und Torbole haben sich auf das überwiegend junge Publikum eingestellt und bieten ihren Gästen mit zahlreichen Restaurants, Pubs und Bars am Abend das passende Rahmenprogramm.

Riva

→ S. 117, D 3

14 000 Einwohner
Stadtplan → Umschlagkarte hinten

Thomas Mann besuchte in Riva seinen Bruder. Nietzsche träumte davon, hier seine Tage zu beschließen ...

Bis zum Ende des Ersten Weltkrieges gehörte dieses nach Desenzano zweitgrößte Städtchen am Gardasee zu Tirol; seit 1919 ist es italienisches Gebiet. Hier und auch im benachbarten Arco herrscht noch heute – genau wie damals – eine reizvolle Mischung aus österreichischem und italienischem Flair. Riva ist ein idealer Urlaubsort für Sportler, vor allem für Segler, Surfer und Kletterfans.

Die hübsche – an vielen Ecken malerische – Altstadt lädt zum Bummeln ein. Es gibt schicke Mode-Boutiquen und schöne Schuhgeschäfte.

Hotels/andere Unterkünfte

Grand Hotel Liberty

→ Umschlagkarte hinten, c 1

Schöne Art-déco-Villa mit einigen Räumen im Stil jener Zeit und weiteren modern eingerichteten Zimmern. Hallenbad und Garten.

Viale Carducci 3;
Tel. 04 64 55 35 81, Fax 04 64 55 11 44;
www.grandhotelliberty.com; 164 Betten
●●●● CREDIT

Grand Hotel Riva

→ Umschlagkarte hinten, b 2

Liegt gegenüber der Burg im Ortskern. Renoviertes Hotel mit Sonnenterrasse und Privatstrand.

Piazza Garibaldi 10; Tel. 04 64 52 18 00,
Fax 04 64 55 22 93; www.gardaresort.it;
167 Betten ●●●● CREDIT

Du Lac et du Parc

→ Umschlagkarte hinten, südöstl. c 1

Das exklusivste Hotel in Riva in einer 70 000 qm großen Parkanlage mit Palmen, Pinien und kleinen Seen. Die Zimmer im Hotel sind geräumig und gemütlich eingerichtet. Den Gästen steht eine Surf- und Segelschule (»Mistral«) zur Verfügung.

Viale Rovereto 44;
Tel. 04 64 56 66 00, Fax 04 64 56 65 66;
www.hoteldulac-riva.it; 457 Betten
●●●● CREDIT

Bellavista

→ Umschlagkarte hinten, b 2

Direkt am See gelegen; modern eingerichtete Zimmer (auch 32 Ferienwohnungen). Ganzjährig geöffnet.

Piazza C. Battisti 4;
Tel. 04 64 55 42 71, Fax 04 64 55 57 54;
www.hotelresidencebellavista.it;
76 Betten ●●● CREDIT

Hotel Cervo

→ Umschlagkarte hinten, b 2

Das Hotel liegt im historischen Ortskern, umgeben von malerischen Gassen. Mit großer Sonnenterrasse.

Via Diaz 15; Tel. 04 64 55 22 77, Fax
04 64 55 43 67; www.hotelcervoriva.it;
113 Betten ●●● CREDIT

Parc Hotel Flora

→ Umschlagkarte hinten, südöstl. c 1

Hübsches, modernes Hotel. Einige Zimmer zur ruhigen Gartenseite. Swimmingpool. 2008 renoviert.

Viale Rovereto 54; Tel. 04 64 55 32 21,
Fax 04 64 55 44 34; www.parchotelflora.it;
74 Betten ●●● CREDIT

Sole ⇢ Umschlagkarte hinten, b 2
Liegt in der Altstadt direkt am Wasser. Komplett renoviert. Ideal auch für ältere Gäste und Gehbehinderte.
Piazza 3 Novembre 35;
Tel. 04 64 55 26 86, Fax 04 64 55 28 11;
www.hotelsole.net; 132 Betten ●●●
CREDIT

Spaziergang

Ausgangspunkt des Spaziergangs ist das Fremdenverkehrsamt (**Azienda di Promozione Turistica**) in der Nähe des Seeufers. Man folgt dem Kanal um die Stadtburg **Rocca** bis zur Burgbrücke. Dann geht es rechts in die Geschäftsstraße Via Gazzoletti, bis man auf den **Apponale-Turm** an der Piazza III Novembre stößt. Ihm gegenüber steht der **Palazzo Municipale**, unter dessen Arkaden rechts eine alte rabbinische Gedenktafel an die dort früher ansässige Buchdruckerei erinnert. Rechts führt die malerische Via Fiume bis zum Stadttor **San Marco** hinauf. Kurz davor biegt man rechts in die alte Fußgängerstraße Via Diaz ab, die in die Via Disciplini mündet. Für eine Verschnaufpause bietet sich das Caffè Italia am Ende der Straße an. Zur Rechten liegt das linke Seitenschiff der Kirche **Santa Maria dell' Assunta**. Weiter geht es in Richtung Santa Maria bis zum Caffè Maroni, einem beliebten Treffpunkt der Einheimischen. Ein paar Schritte weiter, schräg gegenüber in der Via Santa Maria, lockt vor allem abends das efeuberankte Lokal Pub & Piano Bar all'Oca zu einem Longdrink.

Am Ende dieser Gasse führt links die Via Florida hinunter zum hübschen Marktplatz **Piazza delle Erbe**. Man beachte zur Rechten den **Palazzo Bettinazzi** mit seinen blauen Freskenverzierungen unter dem Dach. Links, am Ende der Via Maffei/Ecke Piazza Garibaldi, sind der **Palazzo Armani** und der gegenüberliegende **Palazzo Lutti** (Nr. 5) sehenswert. Der Stadtrundgang endet vor der Burg. Wer abschließend noch unter Magnolienbäumen schlendern will, geht die Viale della Liberazione (»Viale delle Magnolie«) weiter hinunter. Der Spaziergang dauert etwa 45 Minuten.

Sehenswertes

Bastione
⇢ Umschlagkarte hinten, a 2
Die venezianische Festung, 1508 auf dem steilen Hang des Monte Rocchetta, dem Hausberg Rivas, errichtet, bietet einen besonders schönen Ausblick

Rivas idyllische Lage am See begeisterte schon von jeher die Besucher des Städtchens, darunter so illustre Gäste wie Nietzsche und Kafka.

auf den Ort und den See (20 Min. zu Fuß). Von Riva aus ist sie abends, hell angestrahlt, am besten zu sehen.

Chiesa dell'Inviolata

⟶ Umschlagkarte hinten, b 1

Barockkirche aus dem 17. Jh. mit achteckigem Tambour. Schlicht das Äußere, bombastisch das Innere mit stuckreichen Verzierungen und prunkvollem Hauptaltar.

Zwischen Viale Roma und Viale Baruffaldi; tgl. 8–18 Uhr

Chiesa di Santa Maria dell'Assunta

⟶ Umschlagkarte hinten, b 2

In dieser Barockkirche aus dem 18. Jh. ist vor allem »die Schmerzensmutter« (am vierten Altar links) bemerkenswert, das Hauptwerk Giuseppe Craffonaras (1792–1837), eines einheimischen Malers.

Piazza Cavour; tgl. 8–18.30 Uhr

Palazzo Municipale

⟶ Umschlagkarte hinten, b 2

Das Rathaus, 1475 bis 1482 von den Venezianern errichtet, ist durch den Bogen des Stadttores Porta Bruciata mit dem Palazzo Pretorio verbunden. Das Pretorio entstand im Jahre 1370 unter Cansignorio della Scala. An den Fassaden beider Gebäude sieht man die Wappen der Republik Venedig und des Fürstbistums Trient, in den Arkaden die Gedenktafel des Rabbiners Jacopo da Marcaria (16. Jh.).

Piazza III Novembre

Piazza III Novembre

⟶ Umschlagkarte hinten, b 2

Hübscher Platz am alten Hafen, der mit Bogengängen aus dem 14. Jh. aufwartet.

Rocca ⟶ Umschlagkarte hinten, b 2

Die Stadtburg direkt am See wurde 1124 errichtet, im Laufe der Zeit erweitert, umgebaut und renoviert. Heute ist hier das Stadtmuseum untergebracht.

1

Piazza Cesare Battisti

Torre Apponale

⟶ Umschlagkarte hinten, b 2

Der Apponale-Turm, 1220 als Teil der früheren Stadtmauer erbaut, wurde erst 1555 auf 34 m »aufgestockt«. Auf dem Turmdach dreht sich im Wind ein Blech-Engel, das Wahrzeichen Rivas.

Piazza III Novembre

Museen

Museo Civico

⟶ Umschlagkarte hinten, b 2

Das Stadtmuseum befindet sich in den drei Stockwerken der Rocca (Stadtburg) und beherbergt eine Pinakothek (italienische Malerei des 16.–18. Jh.) und u. a. interessante Exponate zur Stadtgeschichte sowie Funde aus dem Bereich der Archäologie und Mineralogie. Sehenswert sind auch die Waffen aus dem Risorgimento.

Piazza Cesare Battisti;
Tel. 04 64 57 38 69; Di–So 10–18 Uhr, Juli–Aug. tgl. geöffnet, Führungen nach telefon. Voranmeldung; Eintritt frei

Essen und Trinken

Villa Negri

⟶ Umschlagkarte hinten, a 2

Ein Stern am Gourmet-Himmel. Auch raffinierte Köche können hier dazulernen: höchst »sophisticated« und innovativ die eigenen Kreationen: von knuspriger Dinkel-Lasagne mit Pecorino-Sauce bis zur Mascarpone-Gianduia-Terrine samt Bitterschokoladenguss. Durchgestyltes Ambiente hoch über dem See. Auf der Terrasse über dem Restaurant: Grill-Bistro für das flachere Portemonnaie. Motorisierte Abholung auf Abruf.

Via Bastione 31/35; Tel. 04 64 55 50 61; Di geschl. ●●●● CREDIT

La Rocca

⟶ Umschlagkarte hinten, b 2

Stilvolles Veranda-Restaurant mit klassischer italienischer Küche in der Burg. Sehr empfehlenswert ist die gegrillte Lachsforelle.

Piazza C. Battisti; Tel.04 64 55 22 17; Mi geschl. ●● CREDIT

San Marco Caffè

⇢ Umschlagkarte hinten, b 1

Moderne Cafeteria mit Self-Service. Geeignet für einen Snack am Mittag.

Viale Roma 20; Tel. 04 64 55 16 09; www. sanmarcocafe.it; So geschl. ●● ▭

Al Volt

⇢ Umschlagkarte hinten, b 2

Rustikal-elegantes Schlemmerlokal. Unschlagbar sind hier die zarten »gnocchettoni« (Käse-Nockerln), vom Küchenchef Maurizio zubereitet.

Via Fiume 73; Tel. 04 64 55 25 70; www. ristorantealvolt.com; Mo geschl. ●● CREDIT

Bar Italia

⇢ Umschlagkarte hinten, b 2

Hier trifft sich die Jugend aus aller Welt (die Jugendherberge ist gleich nebenan) auf einen Cappuccino.

Piazza Cavour 8 ● ▭

Caffè Maroni

⇢ Umschlagkarte hinten, b 2

Traditionstreff der älteren Generation (auch als Stippvisite zum Telefonieren: Münztelefon im Lokal).

Via Santa Maria 2 ● ▭

Gelateria Eta Beta

⇢ Umschlagkarte hinten, b 2

Das beste Eis Rivas!

Via Disciplini 14 ● ▭

La Montanara

⇢ Umschlagkarte hinten, b 2

Schlichtes Esslokal mit kreativer Küche. Hervorragend sind die Pasta-Gerichte und die Gemüsesuppe.

Via Montanara 20; Tel. 04 64 55 48 57; Mi geschl. ● ▭

Pizzoteca

⇢ Umschlagkarte hinten, b 1

Die Pizzeria ist gut, preiswert und besonders kinderfreundlich.

Viale Baruffaldi 1a (hinter der Kirche Inviolata); Tel. 04 64/52 04 00; Di abends und So mittags geschl. ● ▭

Einkaufen

Calzature Ferrari

⇢ Umschlagkarte hinten, b 2

Bei Ferrari werden die Schuhe aus feinstem Leder gefertigt. Kosten zwar mehr als auf dem Markt, halten dafür aber länger als einen Sommer.

Piazza Cavour 4

Lega anti-analcoolica

⇢ Umschlagkarte hinten, b 2

In diesem Schnapslabor – wörtlich »Anti-alkoholfreier Bund« – werden über 100 selbst gebrannte Schnapssorten, Honig und Olivenöl angeboten.

Via Santa Maria

Märkte

⇢ Umschlagkarte hinten, b 2

Mo–Fr von 8–13 Uhr: Obst- und Gemüsemarkt auf der Piazza delle Erbe. Mi und Fr: Blumenmarkt. Juni–Sept. jeden zweiten und vierten Mi des Monats und Okt.–Mai jeden zweiten Mi des Monats ganztags Stände mit Bekleidung in der Viale Dante, der Parallelgasse Viale Pilati und der Querstraße Via Prati.

Patrizia Sartori

⇢ Umschlagkarte hinten, b 2

Elegante Mode-Boutique.

Via Fiume 67

Vanda

⇢ Umschlagkarte hinten, b 2

Alle angesagten italienischen Designerlabels: Von D & G bis Gucci.

Viale Dante 47

Am Abend

Café Latino

⇢ Umschlagkarte hinten, a 1

In dieser Edeldisco sind die jungen Italiener fast unter sich.

Via Monte Oro 14; bis 4 Uhr morgens

Pub all'Oca

⇢ Umschlagkarte hinten, b 2

Schicker In-Treff von 6 Uhr abends bis 2 Uhr nachts.

Via S. Maria 9

SERVICE

Auskunft

Azienda di Promozione Turistica (APT) ⇢ Umschlagkarte hinten, c 2

Giardini di Porta Orientale 8, 38066 Riva; Tel. 04 64 55 44 44, Fax 04 64 52 03 08; www.gardatrentino.it; 15. Juni–15. Sept. Mo–Sa 9–12 und 15–18.30, So 10–12 und 16–18.30, April–Mai und Okt. Mo–Sa 9–12 und 15–18.15 Uhr (So geschl.), Nov.–März Mo–Fr 9–12 und 14.30–17.15 Uhr

Autofähre

⇢ Umschlagkarte hinten, b 2

Von Riva nach Desenzano (südwestliches Seeufer). April–Okt. zweimal am Tag hin und zurück mit der Fähre, dreimal tgl. mit dem Tragflügelboot.

Info Navigarda, Piazza Catena; Tel. 04 64 55 26 25

Medizinischer Notdienst

Von Mitte Juni–10. Sept.; Tel. 04 64 58 26 55

Ziele in der Umgebung

Arco

⇢ S. 117, E 2

Der hübsche Luftkurort liegt etwas abseits vom Rummel. Vom Turm der renovierten mittelalterlichen Burg genießt man einen Panoramablick auf Riva und den See. In der Burg wurden Fresken und Originalfußböden entdeckt (tgl. 10–16, im Frühjahr und Sommer bis 19 Uhr; Eintritt 2 €). Wenn man zur Burg hinaufgeht, liegt am Anfang der Straße (linker Hand) die Villa des österreichischen Erzherzogs Albert. Diese ist leider nur von außen zu sehen. Gleich daneben befindet sich der **Parco Arciducale,** Erzherzöglicher Park, mit einem kleinen exotischen Garten (tgl. 8–19 Uhr). Sportfreunde sollten im September zu den **Rock Masters,** den Weltmeisterschaften im Freeclimbing (→ Feste und Events, S. 24) nach Arco kommen.

5 km nordöstl. von Riva

HOTELS/ANDERE UNTERKÜNFTE

Palace Hotel Città

Ganz auf Makrobiotik ist dieses Hotel eingestellt.

Viale Roma 10; Tel. 04 64 53 11 00, Fax 04 64/51 62 08; 154 Betten ●●●● CREDIT

Villa delle Rose

Ruhiges Hotel in gepflegtem Garten. Großräumige Zimmer. Das Restaurant bietet erstklassige Küche und guten Service.

Via S. Caterina 4; Tel. 04 64 51 90 91, Fax 04 64 51 66 17; www.villedellerose.it; 154 Betten ●●●● CREDIT

ESSEN UND TRINKEN

La Lanterna

Rustikal-elegantes Lokal, einsam in der Natur gelegen, umgeben von Apfelbäumen und Kiwiplantagen.

2 km von Arco; Tel. 04 64 51 70 13; www.lanterna-arco.com; Di geschl.

●●● CREDIT

Das Ortsbild von Arco ist geprägt von dem steil abfallenden Felsen, auf dem die Reste der Burganlage liegen.

So manche prachtvolle Palazzo-Fassade in Riva (→ S. 35) verströmt noch immer den Hauch des Mondänen.

Cantina Marchetti
In der Altstadt von Arco liegt dieser Weinkeller aus dem Jahre 1550 mit Freskengewölbe und Riesenkamin.
Piazza Marchetti; Tel. 04 64/51 62 33; Mo geschl. ●

Alla Grotta
Besonders bei Surfern ist diese Taverne im österreichischen Stil beliebt.
Via Monte Brione (Wegweiser »San Giorgio«, zwischen Riva und Torbole); Tel. 04 64 55 32 44; Di geschl. ●

Alla Lega
In den zwei Sälen aus dem 16. Jh. mit Freskendekoration werden Spezialitäten aus dem Trentino angeboten.
Via Vergolano 8; Tel. 04 64 51 62 05; tgl. 12–14, 19–22 Uhr, Mi geschl. ● CREDIT

EINKAUFEN
Madonna delle Vittorie
Landwirtschaftsbetrieb, der erlesene Qualitätsweine des Trentino produziert und verkauft.
Azienda Agricola Mandelli, Via Linfano 81; Tel. 04 64/50 55 42

Canale di Tenno

→ S. 117, D 2

Ein Stück Toskana im Trentino: Die bezaubernde mittelalterliche Minisiedlung besteht aus urigen Bauernhäusern, die inzwischen zur Hälfte renoviert und von Künstlern bewohnt sind. Es gibt auch ein Künstlerhaus (**Casa degli Artisti**), in dem im Sommer Kunstausstellungen stattfinden.
4,5 km nördl. von Riva

HOTELS/ANDERE UNTERKÜNFTE
Club Hotel Lago di Tenno
Hoch über dem Tenno-See gelegen mit vielen Sportangeboten und guter Küche.
Tel. 04 64 50 20 31, Fax 04 64 50 21 01; www.clubhoteltenno.com; 99 Betten ●●● CREDIT

MUSEEN
Bauernmuseum
Mit traditionellen Gerätschaften.
Canale di Tenno; Tel. 04 64 50 08 48; 15. Juni–15. Sept. Sa, So 15–19 Uhr, Juli und Aug. tgl. 10–12 und 15–19 Uhr; Eintritt frei

Molina di Ledro

→ S. 116, C 3

Der kleine Ort am idyllischen Ledro-See ist für Surfanfänger die ideale Alternative zum – oft überfüllten – Gardasee.
10 km südwestl. von Riva

MUSEEN
Pfahlbauten-Museum
Ausgestellt sind zahlreiche Funde aus der Zeit der Pfahlbauten von vor 4000 bis 3200 Jahren. Ein rekonstruierter Pfahlbau steht am Seeufer.
Molina di Ledro, am Seeufer; Tel. 04 64 50 81 82; www.palafitteledro.it; 1. März–30. Juni, 1. Sept.–31. Aug. Di–So 9–13 und 14–17 Uhr, 1. Juli–31. Aug. tgl. 10–18 Uhr, Dez.–Feb. geschl.; Eintritt 2,50 €, Familie 5 €

ESSEN UND TRINKEN

Rifugio al Faggio

Ein kulinarischer Tipp auf 1000 m Höhe ist der Risotto mit Steinpilzen.

Wegweiser, Val di Concei;
Tel. 04 64 59 11 00; Di geschl. ●●

Monte Brione

→ S. 117, E 3

Vom Gipfel dieses Aussichtsberges (374 m) liegt einem der Gardasee zu Füßen (gleich vor dem Tunnel in Richtung Torbole links abbiegen. Nach 2 km bergauf, rechts den Schotterweg bis zum österreichischen Fort hinauf).

Am östl. Ortsausgang von Riva

Pregàsina

→ S. 117, D 3

Das 532 m hoch gelegene Dörflein bietet einen schönen Blick auf Torbole und auf die Brenta-Dolomiten. Panorama-Tipp: Halten Sie kurz vor Pregàsina bei der Madonnastatue an.

6 km in Richtung Limone über die Ponale-Serpentinen-Straße

Varone-Wasserfall (Cascata del Varone)

→ S. 117, D 2

Aus nächster Nähe können die Besucher ganz oben und auch unten an einer Brüstung beobachten, mit welcher Geschwindigkeit und Wucht der fast 100 m hohe Wasserfall in die düstere, cañonartige Felsenschlucht bis zum Fluss Varone hinunterschießt – ein unvergessliches Naturerlebnis. Die beste Zeit für diesen Ausflug liegt zwischen 10 und 12 Uhr (Pullover oder Regenmantel mitnehmen).

2

Westlich von Varone gelegen, nur 3,5 km von Riva entfernt; Tel. 04 64 52 14 21; www.cascata-varone.com; Mai–Aug. tgl. 9–19 Uhr, April und Sept. tgl. 9–18, März und Okt. tgl. 9–17 Uhr, Nov.–Feb. So und Feiertage 10–17 Uhr; Eintritt 5€

Torbole

→ S. 117, E 3

2400 Einwohner
Stadtplan → Umschlagkarte hinten

Noch vor etwa 15 Jahren kamen »nur« 175 000 Surfer pro Jahr; 1991 waren es schon dreimal so viel. Das »Kapital« von Torbole ist der Südwind Ora, der meist pünktlich gegen 13 Uhr aufkommt. Dann wogt der See wie ein Meer, und schon flitzen die buntfarbigen Segel kreuz und quer über die Wellen.

Nicht-Surfer können sich an der beeindruckenden Naturkulisse ergötzen: Zu ihren Füßen liegt der Gardasee mit den kunterbunten Surfsegeln, zu ihrer Rechten erheben sich riesige, fjordartige Felsen; zu ihrer Linken thront erhaben das hohe, kaum besiedelte Monte-Baldo-Bergmassiv.

Torbole selbst liegt unterhalb gewaltiger, steiler Felsabschnitte, die zu Wanderungen und Klettertouren verführen. Der kleine Ort hat in seinem Zentrum zwar ein paar malerische Gassen, wirkt aber insgesamt nicht sehr einladend. Das einstige Fischerdorf ist infolge des Surferzustromes in den letzten 20 Jahren zu schnell gewachsen.

HOTELS/ANDERE UNTERKÜNFTE

Club Hotel La Vela

→ Umschlagkarte hinten, b 1

Das gut ausgestattete Hotel verfügt zusätzlich über 50 Ferienwohnungen. Es gibt Swimmingpool, Sauna, Solarium, Wassermassage, Fitnessraum, eigenen Parkplatz und Surfschule.

Via Strada Grande 2; Tel. 04 64 50 59 40, Fax 04 64 50 59 58; www.effetravel.com; 99 Betten ●●●● CREDIT

Lido Blu → Umschlagkarte hinten, nordwestl. b 1

Dies ist das einzige Hotel in Torbole direkt am Surfstrand, mit Hallenbad, Sauna, versicherter Surfablage, Parkplatz.

Via Foci del Sarca 1; Tel. 04 64 50 51 80, Fax 04 64 50 59 31; www.lidoblu.it; 78 Betten ●●●● CREDIT

In der Casa Alberti in Torbole machte Goethe im Jahre 1786 Zwischenstation.

Hotel Atlantic Club
→ Umschlagkarte hinten, nördl. c 1
Dieses Panorama-Hotel liegt hoch überm See. Schöner Swimmingpool.
In Nago oben am Hügel, 1,5 km von Torbole entfernt; Tel. 04 64 54 82 00, Fax 04 64 54 82 29; www.atlanticclubhotel.it; 113 Betten ●●● CREDIT

Benaco
→ Umschlagkarte hinten, b 2
Renoviertes Hotel neben der Casa Beust, für Surfer ideal gelegen.
Via Benaco 17; Tel. 04 64 50 53 64, Fax 04 64 50 59 73; www.onbenaco.com; 74 Betten ●●● CREDIT

Caravel
→ Umschlagkarte hinten, c 1
Das Hotel liegt unterhalb der Straßenkreuzung in Richtung Nago. Swimmingpool und Privatparkplatz.
Via Calze; Tel. 04 64 50 57 24, Fax 04 64 50 59 35; www.effetravel.com; 121 Betten ●●● CREDIT

Geier → Umschlagkarte hinten, b 2
Gediegenes Hotel mit schönen Zimmern, mitten im Ort, direkt am Hafen.
Via Benaco 15; Tel. 04 64 50 51 31, Fax 04 64 50 59 46; www.hotelgeier.com; 64 Betten ●●● CREDIT

Paradiso
→ Umschlagkarte hinten, südl. c 3
Familienbetrieb mit modern-funktionaler Einrichtung und großem Garten. Zimmer an der Rückseite buchen!
Am Ortsende links in Richtung Malcésine, Lungolago Verona 47; Tel. 04 64 50 51 26, Fax 04 64 50 51 19; www.paradisohotel.org; 48 Betten ●●● CREDIT

Villa Magnolia
→ Umschlagkarte hinten, b 1
Das familienfreundliche Hotel ist schlicht, sauber und preiswert. Großer Swimmingpool (Surfbrettablage gleich hinter dem Surf-Center).
Via al Cor 10; Tel. 04 64 50 50 50, Fax 04 64 54 97 88; www.torbole.com/magnolia; 60 Betten ●●● CREDIT

Villa Verde
→ Umschlagkarte hinten, nordwestl. b 1
Wer entspannen möchte, ist in diesem sehr ruhig gelegenen Hotel gut aufgehoben. Großer Swimmingpool. Modern eingerichtete Zimmer. Zudem ein familienfreundliches Haus.
Via Sarca Vecchio 15; Tel. und Fax 04 64 50 52 74; www.hotel-villaverde.it; 43 Betten ●●● CREDIT

Zanella → S. 117, E 3
Bei Sabine und Stefano gehen Sie auf Nummer sicher. Hier stimmt alles: die Gastfreundschaft, die Ruhe und die Preise. Direkt am See stehen für die Hotelgäste ein Surfablageregal, Kabinen und Liegestühle zur Verfügung.
In Nago oben am Hügel, 1,5 km von Torbole entfernt; Via Sighele 1; Tel. 04 64 50 51 54, Fax 04 64 50 60 39; www.zanellahotels.com; 60 Betten ●● CREDIT

Spaziergang

Der Spaziergang beginnt an der **Casa Beust**, im malerischsten Winkel von Torbole, zwischen dem Surfer-Strand und der Seepromenade. Schräg gegenüber sieht man das ehemalige Zollhäuschen. Nach dem Überqueren der Hauptstraße erreicht man die Piazza Vittorio Veneto, wo sich rechts oberhalb des kleinen Brunnens eine Gedenktafel zur Erinnerung an den Goethe-Besuch befindet. Weiter geht es links in die Via Pontalti bis zur Kirche **S. Andrea** hinauf (rechts). Der Kirchplatz bietet einen schönen Blick auf die Dächer Torboles und die bunten Surfsegel auf dem Wasser. Ein paar Schritte weiter folgt man dem Wegweiser »Bellavista«, bis nach 50 m zur Linken eine unscheinbare Treppe erscheint, die zu einem kleinen Aussichtspunkt hinaufführt: Torbole aus der Vogelperspektive und doch zum Greifen nahe. Der Weg führt zurück zur Piazza Vittorio Veneto; gleich hinter dem Pub Cutty Sark biegt man links in die pittoreske Via Segantini ab, bis man auf die Seepromenade **Lungolago Verona** stößt. Der Spaziergang dauert ca. 30 Minuten. Wer Lust hat, zu Fuß bis Nago weiterzugehen, folge über die Via Pontalti, immer weiter bergauf, der Strada Santa Lucia, einer wunderschönen Panoramastraße.

Sehenswertes

Casa Alberti

→ Umschlagkarte hinten, c 2

Am Bogengang dieses Hauses an der Piazza Vittorio Veneto erinnert eine Gedenktafel an den Goethe-Besuch am 12. September 1786.

Piazza Vittorio Veneto

Casa Beust

→ Umschlagkarte hinten, b 2

Bis in die Siebzigerjahre war das Haus ein beliebter Künstlertreffpunkt an der malerischen Seepromenade, das mit einem Fresko des Hl. Antonius des Berliner Malers H. Lietzmann (1872–1955) aufwartet. Heute verabreden sich hier gern die Surfer zum Mittagsimbiss.

El Casel

→ Umschlagkarte hinten, b 2/c 3

Das gelbe Zollhäuschen am Hafen aus der K.u.k.-Zeit war noch bis zum Ende des Ersten Weltkriegs in Betrieb.

Sant'Andrea

→ Umschlagkarte hinten, c 2

Von dem Vorhof der Pfarrkirche aus dem 18. Jh. bietet sich ein schöner Panoramablick auf Torbole und den See. Sehenswert ist auch Giambettino Cignarolis Altarbild »Martyrium des Heiligen«.

Via Pontalti; tgl. 8.30–18.30 Uhr

Der Traum jedes Surfers ist die »ora«, der berühmte Südwind, der immer gegen Mittag aufkommt und mit Geschwindigkeiten zwischen zwölf und 15 Meter pro Sekunde bläst.

Das gebirgige Hinterland von Torbole lädt zu Wanderungen und Klettertouren ein. Einen (Familien-)Ausflug wert sind etwa die Felslöcher Marmitte dei Giganti; geübte Wanderer erklimmen den Monte Altissimo.

Essen und Trinken

Piccolo Mondo

→ Umschlagkarte hinten, nördl. b 1

Küchenchef Sergio lockt mit seiner »Mela Party«, einem Menü, das nur aus Äpfeln besteht: gebackene Äpfel mit Champagner, Apfel-Risotto, Apfelstrudel usw. Köstlich, aber nicht ganz billig. Nicht minder empfehlenswert ist das im selben Haus befindliche Hotel (→ MERIAN-Tipp, S. 45).

Am Ortsausgang rechts in Richtung Riva; Tel. 04 64 50 52 71; kein Ruhetag bis Nov. ●●● CREDIT

Terrazze della Luna

→ Umschlagkarte hinten, nördl. c 1

Hier tafelt man in einem einstigen österreichischen Fort. Die hausgemachten Tortelloni mit Kürbiscremefüllung und Mohnsamen sind köstlich.

Località Coe (Nago); Tel. 04 64 50 53 01; www.osteriaterrazzadelleluna.it; Mo geschl. ●● CREDIT

Centrale

→ Umschlagkarte hinten, b/c 2

Man isst auf der Piazza und schaut den Flanierenden zu. Sehr gut die »tagliatelle ai funghi« (Nudeln mit Pilzen).

Piazza V. Veneto 12; Tel. 04 64 50 52 34; Mi geschl. ●

Cin Cin

→ Umschlagkarte hinten, nördl. b 1

Das Lokal bietet 15 verschiedene Risottogerichte und 40 Pizzasorten: Probieren Sie auf jeden Fall die »Pizza Windsurf«.

Via Matteotti 38; Tel. 04 64 50 52 38; Di geschl. ●

La Terrazza

→ Umschlagkarte hinten, a 2

Verandarestaurant direkt am See. Ideal für alle Surfer und Segler, die gern Fisch essen.

Via Benaco 14; Tel. 04 64 50 60 83; Di geschl. ●

Einkaufen

Markttag

→ Umschlagkarte hinten, b/c 2

Jeden zweiten und vierten Dienstag des Monats von 8–12.30 Uhr bieten die Händler am Hafen schöne Lederwaren und Bekleidung aller Art an, der Markt findet von April bis September statt.

Am Parkplatz gegenüber der Hauptpost

Yachting und Sport

→ Umschlagkarte hinten, b 2

Dieses Sportgeschäft ist von Kopf bis Fuß auf Wassersportler eingestellt.

Piazza Benacense 1

Am Abend

Cutty Sark

→ Umschlagkarte hinten, c 2

Eine schmale, urige Kneipe mit Nautik-Atmosphäre. Hier versammeln sich Segler und Surfer bis 2 Uhr nachts.

Via Pontalti 2; www.torbolebynight.com; tgl. 20–2 Uhr, Mo geschl.

Ghigliottina Pub

→ Umschlagkarte hinten, c 2

Bekannter und beliebter Abend-Treff der Einheimischen.

Via Scuole 22; ab 21 Uhr

Moby Dick

→ Umschlagkarte hinten, nördl. b 1

Bei Walter geht die halbe Surfwelt ein und aus. Im efeuberankten Eck des Lokals sitzen die Nachteulen bei romantischem Kerzenschein.

Via Matteotti 60; Mi geschl.

Wind's Bar

→ Umschlagkarte hinten, nördl. b 1

Diese neue Cafébar ist die direkte Konkurrenz zu Cutty Sark. Ein Pluspunkt: Hier genießt man auch herrliches Eis!

Via Matteotti 72

Service

Auskunft

Azienda di Promozione Turistica (APT) → Umschlagkarte hinten, c 3

Lungolago Verona 19, 38069 Torbole; Tel. 04 64 50 51 77, Fax 04 64 50 56 43; www.gardatrentino.it; Öffnungszeiten wie in Riva, → S. 38

Medizinischer Notdienst für Touristen

Erste Hilfe

Krankenhaus in Riva; Tel. 04 64 58 22 22

Taxi

Tel. 04 64 50 51 22 und 03 37 39 56 37

Ziele in der Umgebung

Marmitte dei Giganti

→ S. 117, E 3

Von mehreren »Riesentöpfen« – durch Gletscherablagerungen seit der Eiszeit entstanden – sind vor allem zwei von Interesse: Einer liegt an der Straße nach Nago (auf halber Höhe links, wo auch Freeclimbing-Kurse stattfinden), der andere befindet sich am Ortsausgang von Torbole an der Straße von Nago hinunter nach Arco.

www.parks.it

Monte Altissimo di Nago

→ S. 117, E 4

Es lohnt der fünfstündige Fußmarsch von Nago über Malga Casina zum Doss Remit, weiter über einen Höhenweg zum Monte Varagna (1780 m), bis man den Gipfel des Altissimo erreicht (mit Berghütte, 2079 m). Ausblicke auf die Brenta-Dolomiten (Presanella und Adamello).

2 km von Torbole

MERIAN-Tipp

3 Piccolo Mondo

Das Hotel mit Schönheitsfarm liegt etwas abseits der Hauptstraße. Es bietet Swimmingpool, Tennisplatz, Billard- und Fitnessraum, Sauna und Solarium – hier können Sie all die »sündhaften« Kalorien gleich wieder loswerden. Am ruhigsten sind die Zimmer auf der Gartenseite. Eigene Surfschule sowie Verleih von Brettern und Ausrüstung.

Via Matteotti 7, 38069 Torbole; Tel. 04 64 50 52 71, Fax 04 64 50 52 95; www.hotelpiccolomondotorbole.it; 70 Betten ●●●

→ Umschlagkarte hinten, nördl. b 1

Das Ostufer

Den weiten Olivenhainen verdankt das gut zugängliche Ostufer den Namen »Riviera degli Olivi«.

Malcésine am Fuße des Monte Baldo verströmt mediterranes Flair mit alpinem Einschlag. Die engen Gassen und pittoresken Plätze drängen sich um die nicht zuletzt durch Goethe berühmt gewordene Scaligerburg und den kleinen Hafen.

Das Ostufer präsentiert sich mit beeindruckenden Gebirgszügen, die zum Ufer hin sanft auslaufen und Platz lassen für weite Olivenhaine und malerische Dörfer. Zu Füßen des Monte Baldo erstreckt sich Malcésine, bereits von Goethe gepriesen. Weiter südlich gelangt man nach Bardolino, das auf eine lange Tradition der Olivenölherstellung und des Weinanbaus zurückblicken kann.

Malcésine → S. 119, F 5

3500 Einwohner
Stadtplan → S. 49

Malcésine verbinden Kenner des Gardasees mit der steil zum See abfallenden **Scaligerburg**. Vom Turm bietet sich ein herrlicher Blick auf die Ringmauern der drei Burghöfe und auf den Gardasee. Besonders stimmungsvoll ist die Piazza Turazza, ein beliebter Treffpunkt der Frauen des Ortes. Sie sitzen beisammen, sticken und halten ein Schwätzchen. Ein paar Schritte weiter, auf der Piazza Cavour, stehen graumelierte Männer im Kreis zusammen und philosophieren, bis ihnen dann der Magen knurrt.

Das Ortsbild ist vom Baustil der Venezianer geprägt. Bestes Beispiel dafür ist, zur Seeseite hinaus, die schöne Fassade des **Palazzo dei Capitani del Lago**, die man vom zinnengekrönten Palmengarten aus gut sehen kann. Obwohl sich die Touristen in der Hochsaison in den engen Gassen drängen, hat Malcésine sich seine Ursprünglichkeit bewahrt.

Hotels/andere Unterkünfte

Excelsior Bay → S. 49, südl. b 3
Die Einrichtung harmoniert mit Himmel und Wasser: Blautöne sind tonangebend. Der »Magnet« im Hotel ist sein sehr gutes Restaurant.
Via Lungolago Madonnina13; Tel. 04 57 40 03 80, Fax 04 57 40 16 75; www.hotelexcelsiorbay.com; 110 Betten
●●●● CREDIT

Maximilian → S. 119, F 5
Kinderfreundliches Hotel am Strand. Herrlicher Garten und Terrassen-Restaurant mit Blick auf die Bucht.
Val di Sogno (2 km von Malcésine); Tel. 04 57 40 03 17, Fax 04 56 57 01 17; www.hotelmaximilian.com; 63 Betten
●●●● CREDIT

Parkhotel Eden → S. 117, D 4
Ultramodernes Hotel. Zimmer mit Balkon, See- und Bergblick. Swimmingpool im Grünen.
Località Navene (5 km von Malcésine); Tel. 04 56 57 01 30, Fax 04 57 40 11 60; www.montagnoligroup.it; 54 Betten
●●●● CREDIT

Parkhotel Querceto → nördl. c 1
Eine exklusive Ruhe-Oase am grünen Abhang des Monte Baldo. Küche für gehobene Ansprüche.
Località Campiano 17/19; Tel. 04 57 40 03 44, Fax 04 57 40 08 48; www.parkhotelquerceto.com; 51 Betten
●●●● CREDIT

Du Lac → S. 49, südl. b 3
Vom eigenen Steg kann man gleich in den Gardasee springen, es gibt aber auch einen Swimmingpool. Liegt zwischen dem Ortskern und Val di Sogno.
Via Gardesana 18; Tel. 04 57 40 01 56, Fax 04 57 40 07 88; www.dulac.it; 71 Betten ●●●

Malcésine → S. 49, a 3
Das Hotel liegt in Hafennähe direkt am See. Etwas altmodisch, dafür ruhig und preiswert. Man sonnt sich auf dem Holzsteg am Wasser.
Piazza Pallone 4; Tel. 04 57 40 00 33, Fax 04 57 40 01 73; www.chincherini.com; 98 Betten ●●●

Club Hotel Olivi → S. 119, F 5
Hier kommt der Tennisfreund auf seine Kosten. Swimmingpool, Sauna und Fitnessraum. Sehr ruhig.
Val di Sogno, 2 km; Tel. 04 57 40 04 44, Fax 04 57 40 06 02; www.clubhotelolivi.it; 196 Betten ●●● CREDIT

Vega S. 49, a 3

Dieses Haus liegt sehr ruhig, direkt am See. Mit eigenem Garten, Sonnenterrasse und modernen Zimmern.

Viale Roma 10;
Tel. 04 56 57 03 55, Fax 04 57 40 16 04;
www.hotelvegamalcesine.it; 35 Betten
●●● CREDIT ♿

SPAZIERGANG

Ausgangspunkt ist der Hafen. Schräg gegenüber erinnert in der Via Goethe eine Gedenktafel an die Übernachtung des Dichters vom 13. zum 14. September 1786. Folgt man links der Via Capitanato, sieht man linker Hand neben dem Fremdenverkehrsbüro (Nr. 6–8) den schönen Palmengarten direkt am See, am Ende der dunklen Halle des **Palazzo dei Capitani**.

Gleich nach dem Hotel Modena biegt man links in den stillen Vicolo Porto Vecchio ein und erreicht den ruhigen alten Hafen. Am Ende dieser idyllischen Piazzetta steigt man rechts die steile Via Borre bis zur zweiten (namenlosen) Seitengasse hinauf. Sie führt geradeaus weiter in die Via Bottura. Am Eck, beim Terrassencafé **Le Bistro**, geht es gleich links weiter hinauf in die hübsche Via Dosso.

Linker Hand, dem Wegweiser **Museo Castello** folgend, erreicht man die urwüchsige Piazza Turazza und noch weiter rechts oben die stimmungsvolle Piazza Cavour (wegen des großen Rosskastanienbaumes in der Mitte vom Volksmund Piazza dell'Albero genannt). Am Anfang der Via Porta Orientale biegt man linker Hand gleich wieder in das Pica-Lof-Gässlein ab.

Geradeaus geht es weiter unter einem Torbogen hindurch (Wegweiser) und vor dem letzten Abzweig nach rechts zur **Burg**; an dieser Stelle hat Goethe das Schloss skizziert (siehe Gedenktafel) und dabei seine Verhaftung riskiert. Der Spaziergang dauert etwa 20 Minuten. Wichtiger Hinweis für die Damen: Stöckelschuhe sind nur wenig für das buckelige alte Pflaster geeignet.

SEHENSWERTES

Palazzo dei Capitani S. 49, a 2

Einstiger Sitz der venezianischen Gouverneure. Die Eingangshalle des Palais beherbergt ein Fresko aus dem Jahr 1672 mit den Emblemen des »Gardesana dell'Acqua«. Der Ratssaal im ersten Stock ist mit dekorativen Wappen der ehemaligen »Capitani del Garda« und einer schönen alten Holzdecke ausgestattet. Sehr hübsch ist der kleine Palmengarten im Hinterhof zum See hinaus. Heute ist das Gebäude Sitz des örtlichen Fremdenverkehrsbüros (IAT).

Via Capitanato 6–8 (für eine Besichtigung des Gartens wende man sich an das IAT links am Eingang; kein Eintritt)

Pfarrkirche Santo Stefano S. 49, b 2/3

Sonntags nach dem Gottesdienst trifft sich Jung und Alt auf dem Kirchplatz. Man begrüßt und umarmt sich und plaudert angeregt miteinander, wie das in Italien üblich ist.

Scaligerburg S. 49, a 1

Auf einem Felsvorsprung über dem See thront das imposante **Castello di Malcésine** (13./14. Jh.), das von 1405 bis 1797 fast ununterbrochen in venezianischer Hand war. Berühmtheit erlangte es aber erst durch Goethe, den heftige Winde auf seiner Bootsfahrt von Torbole nach Bardolino in Malcésine zu einer Zwischenstation zwangen. Beim Zeichnen des Schlosses wurde der in Italien damals noch unbekannte Dichter für einen Spion des österreichischen Kaisers gehalten, weil die Burg zu jener Zeit als militärische Einrichtung galt. Vom zinnengekrönten Turm aus hat man einen herrlichen Rundblick auf die Dächer Malcésines, auf den Gardasee bis nach Torbole und Riva. 1

In der Burganlage befindet sich auch ein naturwissenschaftliches Museum: das **Museo del Garda e del Baldo** (im Häuschen gleich links vom Eingang). Sehenswert sind hier u. a. die

Säle der Flora, die mit schönen Farbfotos die reiche Blumenwelt der Umgebung zeigen, und die Räume der Fische, Vögel und Insekten. Ein weiterer Saal gibt Aufschluss über die Vergletscherung des Gardaseebeckens.

In der Burg selbst befindet sich ein Goethe-Zimmer zur Erinnerung an den Aufenthalt des Dichters. Weiter oben erreicht man einen hohen Saal mit alten Schiffsmodellen und Fischernetzen. Der hintere Raum ist besonders interessant: Hier wird anhand detaillierter Zeichnungen der heikle Schiffstransport der venezianischen Flotte über Land im Jahr 1439 dokumentiert. Die Mühe lohnte sich aber: Nach mehreren heftigen Seeschlachten gegen die mailändische Flotte der Visconti siegten die Venezianer und vertrieben damit ihre Feinde endgültig vom Gardasee.

Via Costello; Tel. 04 57 40 08 37; tgl. 9–19 Uhr (Sommer), 1. Nov.–31. März nur Sa und So 10–16 Uhr; Eintritt 4 €

Essen und Trinken

La Voglia → S. 119, F 5

Begrüntes Terrassen-Restaurant am See. Köstlich schmecken die gefüllten, frittierten Kürbisblüten.

Val di Sogno; Tel. 04 57 40 02 40; Mo geschl. ●●

Locanda Monte Baldo → S. 49, nordöstl. c 1

Am Hang des Monte Baldo (572 m) mit Blick auf den Gardasee. Köchin Rosa verwöhnt mit »crespelle al ragù« (Pfannkuchen mit Fleischfüllung).

An der Seilbahn-Zwischenstation San Michele; Tel. 04 57 40 16 79; www.locandamontebaldo.com; Ostern–Mitte Okt. tgl. 12–15, 18.30–21 Uhr ● CREDIT

Das Wahrzeichen von Malcésine: Die Scaligerburg (→ S. 48) aus dem 13. und 14. Jahrhundert erzählt Geschichten aus einer großen venezianischen Vergangenheit.

Pace → S. 49, a 2
Hier, vor dem verträumten alten Hafen, genießt man eine exquisite gegrillte Gardasee-Forelle.
Via Casella 1; Tel. 04 57 40 00 57; Di geschl. ●

San Maggiore → S. 49, östl. c 3
Das Bauernhaus liegt am Rand eines Waldes mit schönem Blick auf den See.
Via San Maggiore, San Maggiore-Malcésine; Tel. 0 4 57 40 17 04; 1. März–15. Okt. ●

Einkaufen

Bottega del Vino → S. 49, a 2
Wein in Hülle und Fülle (u. a. Soave, Chiaretto, Valpolicella).
Corso Garibaldi 19

Consorzio Olivicultori → S. 49, b 1
Diese Ölgenossenschaft verkauft ausgezeichnetes und preiswertes Olivenöl aus der Gegend.
Via Navene Vecchia (in der Nähe der Ampel)

Markttag → S. 49, a 2
Jeden Sa 8–13 Uhr findet auf der großen Piazza Statuto Markt statt.

Am Abend

Caffè Porto Vecchio → S. 49, a 2
Man sitzt bei Kerzenschein in feuchtfröhlicher Runde an Holztischen, genießt Italo-Songs und deutsches Bier bis 2 Uhr nachts.
Via Casella 11

Corsaro → S. 49, a 1
Eine Disco mit Schwung, direkt am See (unterhalb der Burg). Bis 3 Uhr nachts wird nach New-Beat- und Acid-House-Music wild getanzt.
Via Paina 17

Dream Pub → S. 119, F 5
Rock 'n' Roll-Treff mit Bier- und Imbissstube. Livebands ab 21.30 Uhr.
Loc. Preera 29, Val di Sogno; tgl. 10–2 Uhr

Piazza Marconi → S. 49, a 2
Beliebter Treffpunkt der Jugend sind die Cafés an dieser stimmungsvollen Piazzetta um den Hafen herum.

Rock Caffè → S. 49, a 2
Lokal mit Atmosphäre, für Rockfans. Bis 3 Uhr nachts.
Vicolo Portichetti 18

SERVICE

Auskunft

Ufficio Informazione e Accoglienza Turistica (IAT) ⟶ S. 49, a 2

Via Capitanato 6–8, 37018 Malcésine; Tel. 04 57 40 00 44, Fax 04 57 40 16 33; www.tourism.verona.it; Mai–Sept. Mo–Sa 9–13, 15–19, So 9–13; sonst Mo–Sa 9–13, Di, Do 15–18 Uhr, So geschl.

Medizinischer Notdienst ⟶ S. 119, F 5

»Istituto Chirurgico Ortopedico« (Orthopädisches Krankenhaus) in Val di Sogno; Tel. 04 56 58 93 11

Ziele in der Umgebung

Brenzone ⟶ S. 119, E 6

Eine aus sechs Dörfern bestehende Gemeinde (Assenza, Porto, Magugnano, Marniga, Castelletto, Castello) südlich von Malcésine. Von Castelletto aus führt ein schöner, 15-minütiger Spazierweg durch Olivenhaine zum Ort Biazza hinauf. Castello, der abgeschiedenste Ort, liegt am Monte Baldo.

9 km südl. von Malcésine

Cassone ⟶ S. 119, E 5

Von Cassone aus erreicht man in einem anderthalbstündigen Spaziergang steil bergauf die **Eremo dei SS. Benigno e Caro**, eine Einsiedelei auf 830 m Höhe.

7 km südl. von Malcésine

Orto Botanico ⟶ S. 119, F 6

Dieser am Hang des Monte Baldo angelegte »Botanische Garten« auf 1232 m Höhe begeistert Blumenfreunde aus aller Welt.

Novezzina bei Ferrara di Monte Baldo; Tel. 04 56 26 02 28; www.ortobotanicomontebaldo.org; Mai–Okt. tgl. 9–18 Uhr; Besichtigung mit Führung 4 €, ohne Führung 3 €

MERIAN-Tipp

4 Funivia Monte Baldo

Eine Fahrt mit der Seilbahn hinauf auf den Monte Baldo ist ein unvergleichliches Erlebnis. In den neuen, sich drehenden Gondeln der Funivia Monte Baldo hat man einen einzigartigen Rundblick auf den See. Der Ansturm ist natürlich riesig, daher sollte man so früh wie möglich einsteigen. Die Bergstation Bocca Tratto Spino befindet sich auf 1752 m Höhe.

Talstation: Via Navene Vecchia, Malcésine; www.funiviedelbaldo.it; im Sommer tgl. 8–18.45, im Winter 8–16.45 Uhr jede halbe Stunde; Fahrpreis hin und zurück 17 €, einfach 11 €, mit Mountainbike einfach 15 €

⟶ S. 49, b 1

Garda ⟶ S. 119, D 8

3550 Einwohner

Stadtplan → S. 55

In den engen Gassen findet man vieles, was das Herz begehrt: geschmackvolle Keramik und an jeder Ecke erfrischende Gelati. Weitläufiger wird es erst an der von vielen Cafétischen gesäumten Seepromenade. Am idyllischsten sitzt man an der Piazza Catullo, wo abends der venezianische **Palazzo dei Capitani** angestrahlt wird. Gardas Burg thronte jahrhundertelang auf dem 294 m hohen Felsplateau; heute sind nicht einmal mehr Mauerreste übrig. Von dieser Festung aus wurden bis 1236 die Geschicke Oberitaliens entscheidend mitbestimmt. Unschlüssig ist man sich, worauf der Name **Garda** zurückzuführen ist. Sicher ist nur, dass man seit der Zeit Karls des Großen den See nicht mehr »Benacus«, sondern »Garda« nannte. In Planung ist jedoch ein archäologischer Park am Burgberg, der bald auch die letzten Geheimnisse der Geschichte lüften soll.

MERIAN-Tipp

5 Palazzo dei Capitani

Mit seinen gotischen Spitzbogenfenstern ist es das schönste Palais Gardas (15. Jh.). Hier hatte der Seehauptmann und Vertreter Venedigs sein Quartier. Besonders eindrucksvoll bei Abendbeleuchtung.

Piazza Catullo (nur von außen zu sehen) → S. 55, b 2

Hotels/andere Unterkünfte

Madrigale → S. 55, nordwestl. b 1
Gegenüber vom Golfclub von Marciaga (2,5 km). Viele Zimmer mit Seeblick. Swimmingpool im Garten.
Via Ghiandare 1; Tel. 04 56 27 90 01, Fax 04 56 27 91 25; www.madrigale.it; 126 Betten ●●●● CREDIT

Park Hotel Oasi → S. 55, nördl. c 1
Hochmodernes, komfortables Hotel landeinwärts von Garda. Swimmingpool in gepflegter Grünanlage.
Via della Pace; Tel. 04 57 25 66 90, Fax 04 57 25 67 05; www.chincherini.com; 244 Betten ●●●● CREDIT ♿

Poiano → S. 119, E 8
1986 eröffnet, liegt dieses Hotel mit Ferienwohnungen in den grünen Hügeln mit Weitblick auf die Bucht von Garda. Riesiger Swimmingpool, sechs Tennisplätze, Kinderspielplatz, Tiere nicht zugelassen. Ideales Feriendomizil für Familien.
In Costermano; Tel. 04 57 20 01 00, Fax 04 57 20 09 00; www.poiano.com; 162 Betten ●●●● CREDIT ♿

Regina Adelaide → S. 55, c 2
Ein Grand Hotel mit Gemütlichkeit. Komfortable Zimmer. See gleich hinter der Grünanlage, Swimmingpool.
Via S. Francesco d'Assisi 23; Tel. 04 57 25 59 77, Fax 04 57 25 62 63; www.regina-adelaide.it; 115 Betten ●●●● CREDIT ♿

Sport Hotel Olimpo → S. 55, westl. a 1
Hotel in Panoramalage. Ideal für Sportfreunde: Frei- und Hallenbad, Tennisplätze, Fitnessraum, Sauna.
In Ca' Madrina; Tel. 04 57 25 64 44, Fax 04 57 25 67 97; www.chincherini.com; 148 Betten ●●●● CREDIT

Bel Sito → S. 55, c 2
An der Uferpromenade; das bescheidene Äußere verrät nicht, wie gepflegt das Innere ist. Zur Zeit wegen Renovierung geschlossen.
Via S. Francesco d'Assisi 39; Tel. 04 56 27 00 60, Fax 04 56 27 01 42; www.hotelbelsito.com; 66 Betten ●●● CREDIT

Boffenigo Boutique Hotel → S. 119, E 8
Zwei Tennisplätze, Swimmingpool, Sauna und Masseur. Alle Zimmer mit schönem Blick auf die Bucht.
In Costermano, Via Boffenigo 6; Tel. 04 57 20 01 78, Fax 04 57 20 12 47; www.boffenigo.it; 74 Betten ●●● CREDIT ♿

Du Parc → S. 55, westl. a 2
Eine herrschaftliche Villa mit Palmengarten direkt am See. Blick auf den berühmten Felsen, auf dem einst die Rocca stand. Zimmer zum Park buchen.
Via Marconi 3; Tel. 04 57 25 53 43, Fax 04 57 25 56 42; www.chincerini.com; 50 Betten ●● CREDIT ♿

Spaziergang

Ausgangsort ist die **Torre dell' Orologio** (Uhrturm-Stadttor) am Corso V. Emanuele. Hier beginnt die eng verwinkelte Altstadt. Man biegt links in die Via Manzoni ein, geht bis zum Seeufer und nimmt gleich wieder rechts – zwischen Bar da Franco und Hotel Roma – die hübsche, bogenreiche Parallelgasse Calle dei Sottoportici, an deren Ende einem die Düfte einer Bäckerei entgegenwehen. Fast am Ende der Via Libertà blickt man rechts in den bepflanzten, schmalen Vicolo del Pio. Weiter geht es die Via

Libertà geradeaus, durch den dicken Hausbogen mit der Inschrift »Barbiere« bis zur **Piazza Catullo**. Dieser
3 Hauptplatz an der Seepromenade – dem **Lungolago** – wird von dem prachtvollen **Palazzo dei Capitani** beherrscht. Über die erste Gasse rechts, die Via Spagna, erreicht man schließlich zur Linken den direkt am westlichen Stadttorbogen Gardas gelegenen **Palazzo Fregoso**. Der Spaziergang dauert ca. 25 Minuten.

Sehenswertes

Gassen ---> S. 55, b 2

Am hübschesten sind die bogenreiche Calle dei Sottoportici und der idyllische Vicolo del Pio.

Palazzetto al Ponte ---> S. 55, c 1

In diesem Palais verweilte 1848 Herzog Ferdinand, Sohn des Königs Carlo Alberto von Piemont (heute in Privatbesitz).

Via S. Stefano 6

Palazzo Fregoso ---> S. 55, b 1

1510 wurde der Palazzo in venezianischem Stil direkt über dem westlichen Stadttor erbaut.

Corso V. Emanuele

Palazzo »Losa« ---> S. 55, b 2

So heißt im Volksmund das schöne Haus an der Seepromenade mit der Balkonloggia im ersten Stock (16. Jh.). Der Palazzo ist das Werk des berühmten Baumeisters Sanmicheli.

Lungolago; für die Loggia-Besichtigung wende man sich an den Barbesitzer Renato im Palazzo

Santa Maria ---> S. 55, c 1

Die Pfarrkirche Gardas liegt außerhalb der Altstadt und hat einen restaurierten zweiseitigen Kreuzgang aus dem 15. Jh.

Piazzale Roma 11; tgl. 9–12 und 16–19 Uhr

Santo Stefano ---> S. 55, b/c 2

Die Kirche aus dem 15./16. Jh. hat ein schönes Altarbild von Palma il Giovane (1576).

Via S. Stefano; tgl. 9–12 und 16–19 Uhr

Villa Albertini ---> S. 55, a 1

In dieser rotgelben Villa aus dem 15. Jh. mit herrlicher Gartenanlage verweilten schon König Carlo Alberto und Max II. von Bayern.

Am Ortsausgang auf der rechten Seite in Richtung Torri (nur von außen zu sehen)

Idyllisch speist man am Lungolago, der Hafenpromenade von Garda, im Schatten des herrschaftlichen venezianischen Palazzo dei Capitani.

Die Villa Albertini (→ S. 53) wird auch heute noch von der gräflichen Familie bewohnt.

Villa Canossa ⇢ S. 55, a 2

Dieses Haus aus dem 18./19. Jh. war 1904 bis 1905 der Schauplatz eines kurzen und unglücklichen Liebesverhältnisses zwischen dem Dichter Gabriele d'Annunzio und der verwitweten Markgräfin Alessandra Carlotti. Das Gebäude ist jedoch nur vom See aus zu sehen.

Am Ortsausgang, in Richtung Torri auf der linken Seite

Essen und Trinken

Wer sein Domizil in Garda hat und gut essen möchte, sollte Restaurants wählen, die etwas außerhalb der Ortschaft liegen.

Locanda di San Vigilio ⇢ S. 55, westl. a 2

Das gepflegte Restaurant findet sich in der gleichnamigen Herberge auf der Punta San Vigilio. Exklusives Ambiente, hervorragender Service. Ein »Muss«: »carpione alla griglia« (gegrillte Gardasee-Forelle).

Punta San Vigilio; Tel. 04 57 25 66 88, Fax 04 57 27 81 82; www.locanda-sanvigilio.it; tgl. 12.30–14, 20–22 Uhr ●●●● CREDIT

Ai Beati ⇢ S. 119, D 8

Eine Idylle aus alten Zeiten erlebt man in diesem ehemaligen Weinkeller. Draußen hat man einen traumhaften Blick auf die Weingärten und den Gardasee. Das süße i-Tüpfelchen: Nougat-Mousse.

Ai Beati (2 km von Garda); Tel. 04 57 25 57 80; www.ristoranteaibeati.com; Di, Mi mittags geschl. ●●●

Bar Bella Venezia ⇢ S. 55, b 2

Die Einheimischen verabreden sich hier gerne zu einem schnellen Espresso an der Theke. Ab 12 Uhr mittags tafeln die »Zugereisten« an den Tischen in der Gasse.

Vicolo del Pio 8; Tel. 04 57 25 61 40 ●

Da Remigio ⇢ S. 119, E 8

Vom Veranda-Restaurant des Signor Venanzio aus hat man einen herrlichen Blick auf die Bucht von Garda. Das Lokal bietet regionale Hausmannskost.

Costermano; Do geschl. ●

Stafolet ⇢ S. 119, E 8

Ein Insider-Lokal, etwas abseits vom Trubel im Stadtteil Giare (Richtung Costermano) gelegen. Die Gäste essen mit Vorliebe Pfeffersteak oder eines der hervorragenden Fischgerichte und sitzen im Grünen, fernab von Verkehr und Straßenlärm.

Costermano; Tel. 04 57 25 54 27; tgl. 12–14 und 18–22 Uhr ● CREDIT

Einkaufen

Gabriella ⇢ S. 55, b 2

Hier gibt es Alessi-Teekannen, hübsche Tonwaren (u. a. Krüge und Schüsseln für Wein und Spaghetti), Servierbesteck aus Horn.

Vicolo del Pio/Ecke Via Garibaldi

Giro ⇢ S. 55, b 1

Wunderschöne Keramik, etwa Obst- und Gemüseschalen mit Blumenmotiven (preiswerte Geschenkideen).

Corso V. Emanuele 22

Gobetti Carlo → S. 55, nordwestl. b 1
Seit 1836 ist diese eine der ältesten Schnapsbrennereien der Gegend. Nur die Feinste der feinen Grappe wird hier nach herkömmlicher Manier destilliert (und jede kostbare Flasche wird einzeln nummeriert).
Marciaga bei Castion; Via Ghiandare 14

La Mano del Re → S. 55, b 2
Hübsche Geschenkartikel von Keramik bis zum Lampenschirm.
Via Spagna 27

Markttag → S. 55, c 2
Der Wochenmarkt findet jeden Freitag 8–13 Uhr am Seeufer Lungolago Regina Adelaide statt.

Nica & C. → S. 55, b 1/2
Schicke Mode-Boutique mit aparten Polohemden, Pullis und Armani-Jeans.
Via Garibaldi 23

Supermarket Iper Affi → S. 119, D 8
Wer eine große Familie zu versorgen hat, der fährt am besten ins große Einkaufszentrum Iper Affi. Liegt verkehrsgünstig in Autobahnnähe (Ausfahrt Affi) und ist ganztägig geöffnet.
Ca. 8 km von Costermano entfernt

Am Abend

Bar Taitù → S. 55, b 2
Der In-Treff ist bis zwei Uhr nachts geöffnet, es gibt Bier und nostalgische Klaviermusik.
Vicolo Cieco Forni 8 (Seitengasse vom Corso Vittorio Emanuele)

Bar Taverna → S. 55, b 2
Romantischer geht's nicht, wenn abends auf den Tischen die Kerzen brennen und der Palazzo dei Capitani schön beleuchtet ist.
Piazza Catullo

Piazzetta della Libertà → S. 55, c 1
Von Mitte Juni bis Mitte Sept. finden auf diesem Platz jeden Mi Konzerte klassischer Musik im Freien statt.

Service

Auskunft
Ufficio Informazioni e Accoglienza Touristica (IAT) → S. 55, c 1
– Piazza Donatori di Sangue 1, 37016 Garda; Tel. 04 56 27 03 84, Fax 04 57 25 67 20; www.tourism.verona.it
– Viale Fratelli → S. 119, D 8 Lavanda 22, 37010 Torri del Benaco; Tel. und Fax 04 57 22 51 20; www.tourism.verona.it

Autofähre → S. 119, D 8
Von Torri nach Maderno am westlichen Seeufer und zurück.
Ganzjährig tgl. im 40-/90-Minuten-Takt
Info IAT

Medizinischer Notdienst
Tel. 04 57 24 12 85

Taxi
Tel. 0 33 82 89 37 95

Ziele in der Umgebung

Costermano → S. 119, E 8

In den Hügeln im Hinterland von Garda liegt der kleine Ort Costermano. In völliger Abgeschiedenheit befindet sich am Ende des Dorfes der drittgrößte deutsche Soldatenfriedhof in Italien, der an die im Zweiten Weltkrieg Gefallenen erinnert.
4 km östl. von Garda

Eremo di Rocca/ Giorgio → S. 119, D 8

In der Einsiedelei (17. Jh.) des Kamaldulenserordens mit der **San-Romuald-Kirche** führen die Mönche ein strenges Klausurleben. Man kann, dezent gekleidet, einen Blick in die Kirche und, im Glücksfall, in eine Zelle werfen. Man erreicht die Einsiedelei, wenn man in Bardolino in die Via San Colombaro abbiegt. Die kurvige Straße führt hinauf bis zur Ortschaft Cortelline. Beim Heiligenbild links in die schmale Strada Casta di Vallonga abbiegen und bis zum Kreuz hinauffahren. Beim Schild »Privato« sind Sie am Ende des Schotterwegs angekommen. Rechts vom Kreuz an der Einsiedelei führt ein Waldweg in 20 Minuten zur Rocca di Garda.
4 km von Garda, zu Fuß ca. 1-stündige Wanderung; Tel. 04 57 21 13 90;
So 10.30–12, sonst tgl. 15.30–18 Uhr

Monte Luppia → S. 119, D 8

Am Monte Luppia (418 m), oberhalb der romantischen Punta San Vigilio, sind 1964 die ersten und bislang wichtigsten Felsenzeichnungen am Gardasee aus der Steinzeit entdeckt worden. Fachkundige Führungen werden auf Wunsch organisiert. Buchen Sie rechtzeitig über den Pförtner der Scaligerburg von Torri. Abbildungen der Felsgravierungen kann man sich dort auch ansehen.
2,5 km nordöstl. von Garda;
Tel. 04 56 29 61 11

Punta San Vigilio → S. 118/119, C/D 8

Eines der romantischsten Fleckchen am Gardasee liegt zwischen der Sirenenbucht im Norden und der Bucht von Garda im Süden: die von der Natur begnadete Landzunge Punta San Vigilio mit der aus dem See ragenden Klippe Scoglio della Stella. 4 Eine kleine Welt für sich ist die vornehme **Villa Guarienti di Brenzone** (16. Jh.), mit Renaissancegarten (in Privatbesitz) und **San-Vigilio-Kapelle** (nur vom See aus zu sehen; geöffnet nur am 25. April).
6,5 km westl. von Garda

HOTELS/ANDERE UNTERKÜNFTE

Locanda San Vigilio
Diese kleine, aber feine Nobelherberge, gleichzeitig Feinschmeckerlokal (→ S. 54) und gemütlicher Gasthof, liegt direkt am See, mit einem malerischen, winzigen Hafen. Hier übernachteten bereits Zar Alexander, Winston Churchill, Laurence Olivier und Vivian Leigh wie auch Prinz Charles. Die Zimmer sind mit Antiquitäten und alten Parkettböden ausgestattet.
Punta San Vigilio;
Tel. 04 57 25 66 88, Fax 04 57 27 81 82;
www.punta-sanvigilio.it; 14 Betten ●●●●
CREDIT

Die Landzunge Punta San Vigilio mit dem gleichnamigen Nobelhotel und -restaurant ist der äußerste Ausläufer des Monte Baldo und ragt weit in den See hinein.

Rocca di Garda

⇢ S. 119, D 8

Den gewaltigen Felsen erreicht man am einfachsten über die Einsiedelei Eremo (→ S. 56) oder von Garda aus in einem einstündigen Spaziergang über die Via S. Bernardo, vorbei an den »canevini« (in den Fels gehauenen ehemaligen Weinkellern).

5 km südöstl. von Garda

San Zeno di Montagna

⇢ S. 119, D 7

Der Luftkurort auf 583 m Höhe nördlich von Albisano bietet einen schönen Weitblick auf die gebirgige Landschaft im Nordwesten. Er ist auch ein idealer Ausgangspunkt für Bergtouren zum Monte Baldo.

13 km von Garda

Torri del Benaco

2600 Einwohner ⇢ S. 119, D 8

Das malerische alte Hafenstädtchen mit seinem stimmungsvollen Ortskern hat sich zu einem aufstrebenden Badeort entwickelt. Eine Besonderheit am Gardasee ist eines der letzten heute noch in Betrieb befindlichen Zitrusgewächshäuser von 1760 an der Südmauer der Burg.

Geübte Autofahrer sollten von Torri del Benaco aus einen kleinen Abstecher in die Berge machen. Verlassen Sie die Gardesana-Straße bei der Ampel in Torri del Benaco und biegen Sie, bergaufwärts, in die Via per Albisano ein. Diese Serpentinenstraße führt zwischen Villen, Gärten und Olivenhainen hinauf in den Ortsteil **Albisano.** Der Kirchplatz von Albisano bietet einen grandiosen Blick auf den Gardasee und die hinter dem Westufer aufragenden Brescianer Berge – **Balcone del Garda** nannte der Dichter Gabriele d'Annunzio diesen Aussichtspunkt.

6 km nördl. von Garda

Hotels/andere Unterkünfte

Belvedere

Dieser Familienbetrieb mit Restaurant, in dem die Chefin selbst kocht, liegt nur etwa 150 m vom Strand entfernt.

Via per Albisano 9, 37010 Torri del Benaco; Tel. und Fax 04 57 22 50 88; www.belvederetorri.com; 60 Betten ●●● ✉

MERIAN-Tipp

6 Madonna della Corona

Von dieser Wallfahrtskirche (16.–19. Jh.) aus, die auf ca. 300 m Höhe zwischen zwei Felsen des Monte Baldo eingeschlossen liegt, genießt man einen schönen Blick ins Etschtal und auf eine Felsenkulisse. Man beachte im Innern der Kirche die in den Felsen gehauene Längs- und Chorwand.

18 km von Garda, über das Dorf Spiazzi erreichbar. Viele Stufen führen zur Kirche hinab (Wegweiser); tgl. 8–19 Uhr S. 119, F 7

Gardesana

In diesem venezianischen Palazzo mit hübscher Loggia empfiehlt sich eine Übernachtung. Er liegt direkt am Segelhafen von Torri.

Piazza Calderini; Tel. 04 57 22 54 11, Fax 04 57 22 57 71; www.hotel-gardesana.com; 65 Betten ●●● CREDIT

SEHENSWERTES

Santi Pietro e Paolo

In dieser Barockkirche beachte man vor allem die kunstvoll restaurierte Orgel (1744). Sie stammt vom Orgelbauer Angelo Bonatti aus Desenzano. Heute sind nur noch drei seiner Orgeln erhalten. Die vergoldete Bronzestatue am Taufbecken stellt den aus Torri stammenden Pfarrer Giuseppe Nascimbeni (19. Jh.) dar, den 1988 Papst Johannes Paul II. im Sportstadion von Verona selig sprach. Dieser Geistliche gründete den karitativen Schwestern-Orden »Suore della Sacra Famiglia«. Mit großem Einsatz betreuen die Schwestern die Patienten des Istituto Chirurgico Ortopedico, des orthopädischen Krankenhauses von Malcésine. Sehenswert ist am Kirchplatz auch der mittelalterliche Berengarius-Turm. Er erinnert an den Besuch des Langobardenkönigs Berengar I. in Torri.

Pfarrkirche tgl. 9–12 und 15–19 Uhr

Scaligerburg 1

Die schön restaurierte Scaligerburg aus dem Jahr 1383 ist als Museum der Öffentlichkeit seit 1981 zugänglich. Sie wird abends prächtig beleuchtet. Interessant sind die Säle der Fischerei, in denen neben einer typischen »Gardasee-Gondel« Netze und Fanggeräte ausgestellt sind. Im ersten Stock zeigen Original-Gipsabdrücke und Fotos stilisierte Felsenzeichnungen aus prähistorischer Zeit, die man am Monte Luppia bei Torri entdeckt hat.

Viale F. Lavanda 2, Torri del Benaco; Tel. 0 4 56 29 61 11; April–Mai und Okt. Di–So 9.30–12.30 und 14.30–18 Uhr, Mo nachmittags geschl., Juni–Sept. tgl. 9.30–13 und 16.30–19.30 Uhr; Eintritt 5 €

ESSEN UND TRINKEN

Al Caval

Bei Einheimischen beliebtes Veranda-Restaurant an der Hauptstraße.

Via Gardesana 186; Tel. 04 57 22 50 83; www.ristorantealcaval.com; tgl. 19.30–22.30 Uhr, Mi geschl. ● CREDIT

Panorama

Das Lokal bietet einen fantastischen Blick auf Berge und See. Ein Serpentinenweg führt von Torri hierher.

Via San Zeno 9, Albisano; Tel. 04 57 22 51 02; www.panoramahotel.net; tgl. 12–14 und 18.30–24 Uhr ● CREDIT

EINKAUFEN

Antiquitätenmarkt

Anfang Juli bis Mitte Sept. findet jeden Mi 20–24 Uhr der Markt statt.

Viale Marconi

Markttag

Jeden Mo findet bis 13 Uhr ein Markt statt, der sich vom Kirchplatz bis zur Burg erstreckt.

AM ABEND

Lidò

Am Abend verwandelt sich die Strand-Cafeteria in eine gemütliche Pianobar und Disco mit Schummerlicht.

Bardolino

→ S. 121, E 9

6200 Einwohner
Stadtplan → S. 61

Bardolinos restaurierter Ortskern ist hübsch, aber nicht mit der idyllischen, verwinkelten Altstadt von Malcésine oder Garda zu vergleichen. Dafür ist dieser Ort, einer der größeren an der Veroneser Küste, mit seinem lang gezogenen Seeufer und den breiter angelegten, flachen Gassen sehr übersichtlich.

Ideal ist die zentrale Lage unweit von **Gardaland**, dem italienischen Disneyland, vom Autosafaripark und dem großen Wassersportzentrum **Càneva** bei Lazise. In den umliegenden Hügeln sorgen ein Reitclub und ein Golfclub für Naturgenüsse besonderer Art. Bardolino ist ein beliebtes Urlaubsziel der Deutschen, nicht zuletzt auch des süffigen Rotweines wegen, der in den umliegenden Hügeln gedeiht. An der **Strada del Vino** (Weinstraße), die etwas nördlich von Bardolino beginnt und über Calmasino weiter bis hinunter nach Castelnuovo, östlich von Peschiera, verläuft, können Sie bei 43 Winzern und Produzenten Weine kosten und kaufen.

Hotels/andere Unterkünfte

Du Lac → S. 61, südöstl. c 1
Direkt am See mit strandartiger Liegewiese. Das Hotel verfügt auch über Hallenbad und Sauna. Gemütlich-moderne Zimmer.
Via S. Cristina;
Tel. 04 56 21 03 55, Fax 04 56 20 94 91;
www.hotel-lago-garda-europlan.com;
262 Betten (mit Dependance) ●●●●

Nettuno → S. 61, a 2
Ruhig gelegenes Hotel direkt am See, modern-funktional eingerichtet, zur Anlage gehören ein großer Swimmingpool, Garage, Restaurant.
Via D. Alighieri 26;
Tel. 04 56 21 01 23, Fax 04 56 21 04 20;
www.europlan.it/hotel_nettuno.htm;
145 Betten ●●●● CREDIT

Quattro Stagioni → S. 61, b 2
Sehr gepflegter Familienbetrieb, zentral gelegen. Im ruhigen Garten lädt der Pool zum Schwimmen ein.
Borgo Garibaldi 25;
Tel. 04 57 21 00 36, Fax 04 57 21 10 17;
www.hotel4stagioni.com; 80 Betten ●●●
CREDIT

Agriturismo La Rocca
→ S. 61, nördl. a 1
Gemütlicher Bauernhof, der seinen eigenen Wein anbaut und ein paar Zimmer vermietet. Mit Schwimmbad.
Via Strada di Sam 4;
Tel. und Fax 0 4 57 21 09 64;
www.agriturismo-larocca.it;
8 Betten ●●

Agriturismo Ca'Licante
→ S. 61, östl. c 1
Bauernhof auf den Hügeln des Bardolino mit rustikal eingerichteten Zimmern. Das Zentrum ist ca. 1 km entfernt. Mit Garten und Schwimmbad.
Via Strada della Valsorda 6;
Tel. und Fax 04 56 21 10 56;
12 Betten ●

Das Stadttor von Bardolino markiert den Beginn der Fußgängerzone.

Spaziergang

Ausgangspunkt ist das kleine Stadttor an der Piazza Verdi, wo die Fußgängerzone anfängt. Geradeaus weiter gelangt man durch die Geschäftsgasse Via Verdi zum Hauptplatz Piazza Matteotti, der zum Bummeln einlädt. Zur Rechten thront auf hohen Stufen die moderne Pfarrkirche Santi Nicolò e Severo aus dem 19. Jh. Linker Hand, gleich unter dem Dach, an der Hausfassade Nr. 15 (heute eine Eisdiele), entdeckt man die »Verkündigung«, ein Fresko von Francesco Morone (15. Jh.). Weiter, in Richtung See, ist zur Rechten hinter einem schwarzen Gitter ein weiteres Madonnen-Fresko zu sehen. Vis-à-vis liegt der **Palazzo Campostrini** (Nr. 65).

Am Seeufer geht man rechts am Bootshafen unter Palmen entlang, bis man am Ende (links von den Telefonzellen) auf eine massive Bank aus rosa Marmor stößt. Hier boten die Fischer einst ihre frisch gefischten Fische den Frühaufstehern an. Weiter, am schiefen mittelalterlichen Turm vorbei, promeniert man am Seeufer entlang. Zur Rechten liegt die schöne rosafarbene **Villa delle Rose** (Riva Cornicello 1, Privatbesitz). Ein paar Schritte weiter: die schlichte gelbe **Villa delle Magnolie** (Nr. 2) und die **Villa Carrara Bottagisio** (Nr. 3) mit großer Rasenfläche (jetzt Hotelfachschule). Nach dem Ufereck, der Punta Cornicello, erstreckt sich rechts die Seepromenade Lungolago Preite mit Blick auf den Rocca-Bergfelsen. Sie führt bis nach Garda (2 km). Wer nicht bis dorthin laufen möchte, biegt vorne am Piazzale Gramsci (Richtung Innenstadt) rechts in die Via XX Settembre ab und erreicht, über die Piazzetta Mazzini und links weiter hinauf über die Via Mameli, schließlich den Borgo Garibaldi. Auf der halben Höhe dieser Gasse stößt man rechter Hand auf die **Keramikwerkstatt (Nr. 52)** des Künstlers Sergio Vellini (→ Il Coccio, S. 62). Geradeaus weiter steht links (Nr. 57) die ehemalige Kirche **S. Maria della Disciplina** – heute eine Bäckerei – und gleich dahinter, an der **Piazzetta S. Severo**, die sehenswerte gleichnamige Kirche. Der Spaziergang dauert ca. 35 Minuten.

Sehenswertes

Santa Maria della Disciplina ⟶ S. 61, b 2

Ehemalige Kirche aus dem 14. Jh. Heute wird hier nicht mehr gebetet, sondern gebacken: Frische Brötchen verkauft der Bäcker bis ca. 13 Uhr.
Borgo Garibaldi 57

Santi Nicolò e Severo ⟶ S. 61, c 2

Pfarrkiche (19. Jh.) mit vier imposanten Säulen an der Fassade; im Inneren zwei Fresken (die Auferstehung Christi) moderner Künstler.
Piazza Matteotti; tgl. 8–12 und 16–20 Uhr

San Severo ⟶ S. 61, b 1

Eine sehr schöne romanische Kirche (12. Jh.) mit überragendem Glockenturm. Im Inneren Fresken ebenfalls aus dem 12. Jh., die Szenen aus der Apokalypse und aus der Passion Jesu darstellen.
Piazzetta San Severo; tgl. 8–12 und 16–20 Uhr

San Zeno ⟶ S. 61, c 1

Das in einem Innenhof (links) versteckte Kirchlein aus dem 9. Jh. gehört zu den ältesten karolingischen Bauten Italiens. Beeindruckend ist der schmale, hohe Innenraum.
Via San Zeno 13–15; falls geschl., wenden Sie sich an den Wächter (Haustür Nr. 1 oder 3)

Museen

Museo dell'Olio ⟶ S. 61, südöstl. c 1

In diesem Ölmuseum können Sie einen guten Einblick in bäuerliches Leben und Handwerk am Beispiel der Speiseöl-Gewinnung bekommen. Frisch gepresstes Speiseöl und andere Mit-

bringsel für den Küchenbedarf kann man gleich mitnehmen.
Cisano (2 km von Bardolino entfernt); Via Gardesana, am Ortsausgang rechts in Richtung Lazise; Tel. 04 56 22 90 47; www.museum.it; Mo–Sa 9–12.30 und 14.30–19, So 9–12.30 Uhr

Museo del Vino ⇢ S. 61, südöstl. c 1
Seit 1991 hat Bardolino auch ein Weinmuseum. Zu besichtigen: Ackergeräte und was sonst zur Weinernte dazugehört; und zu degustieren: natürlich Bardolino-Rotweine aus der Eigenproduktion der Gebrüder Zeni.
Via Costabella 9; Tel. 04 57 21 00 22; www.museodelvino.it; Mo–Fr 9–13, 14–19, Sa–So 9–13, 14–18 Uhr

Essen und Trinken

Giardino delle Esperidi ⇢ S. 61, b 2
Romantisch angelegtes, elegantes Terrassenrestaurant im Ortskern.
Via Mameli, 1; Tel. 04 56 21 04 77; Di geschl. ●●● ✉

Ai platani di S. Severo ⇢ S. 61, b 1
Man speist auf der großen Terrasse mit Blick auf die S. Severo-Kirche.
Piazzetta S. Severo; Tel. 04 57 21 00 38; ab Mai 12–15, 17–1 Uhr, Mi mittag geschl. ●● CREDIT

La Loggia Rambaldi ⇢ S. 61, c 3
Man tafelt im feudalen Säulensaal (16. Jh., ehemalige Stallung) oder im Freien am Hafen. Tipp: gemischter

Salat mit Mozzarella und Rucola, von hauchdünnem Pizzateig umhüllt. Menüs zu so genannten Minipreisen.
Piazza Principe Amedeo 7; Tel. 04 56 21 00 91; tgl. 11–23 Uhr, Di geschl. ●● CREDIT

Agli Oleandri ⇢ S. 61, b 2
Hier locken nicht nur die Spaghetti alla carbonara, auch das urige Ambiente auf der Piazzetta hat seinen Reiz.
Piazzetta Betteloni 5; Tel. 04 57 21 02 03; tgl. 12–14, 18–24 Uhr, Di geschl. ● CREDIT

Gelateria Miralago ⇢ S. 61, c 3
Direkt am Wasser, gegenüber dem mittelalterlichen Turm, sitzt man unter Bäumen und kann sich in lauen Sommernächten bis 2 Uhr morgens mit Eis verwöhnen lassen.
Piazza Matteotti (Seeufer, rechter Hand) ●

Einkaufen

Christine B ⇢ S. 61, c 2
Der letzte Modeschrei für die schicke Signora. Große Auswahl.
Piazza Matteotti

Il Coccio ⇢ S. 61, b 2
Ausgefallene handbemalte Keramik in der Werkstatt von Herrn Vellini und seinen beiden Söhnen.
Borgo Garibaldi 52

Le Follie ⇢ S. 61, c 2
Schuhe, Schuhe und nochmal Schuhe, ein Highlight für Schuh-Fashion-Victims.
Via Manzoni

Kellerei Guerrieri-Rizzardi ⇢ S. 61, c 2
In dieser großen Kellerei können Sie die verschiedensten Weine kosten und kaufen.
Via Verdi 1

Kellerei Lenotti ⇢ S. 61, südöstl. c 1
Diese Kellerei gehört zu den großen Weinverkäufern am Gardasee.
Via Santa Cristina 1

Die Öffnungszeiten der Weinkellereien sind saison- und arbeitsbedingt unterschiedlich; es gibt keine einheitlichen Regelungen.

Markttag ⇢ S. 61, c 2
Jeden Do 8–13 Uhr stehen Lebensmittelstände vor der Kirche Santi Nicolò e Severo; Bekleidung, Schuhe, Haushaltsgegenstände finden sich am Lungolago.

Am Abend

Firmus ⇢ S. 61, östl. c 1
Hier geht's ab 23 Uhr so richtig los. Typische Disco mit verschiedenen Rhythmen, die gerade »in« sind. Gute Klimaanlage, die für angenehme Temperaturen sorgt.
An der Kreuzung Via Molini und Via Monsurei

Filarmonica »Bardolino« ⇢ S. 61, c 2
Von Juni bis September finden jeden Mittwochabend Konzerte klassischer und folkloristischer Musik im Freien statt. Samstags gibt es um 21.30 Uhr Chorkonzerte in der Pfarrkirche.
Piazza Matteotti

Service

Auskunft

Ufficio Informazioni e Accoglienza Touristica (IAT) ⇢ S. 61, c 3
Piazzale Aldo Moro, 37011 Bardolino; Tel. 04 57 21 00 78, Fax 04 57 21 08 72; www.tourism.verona.it; Mai–Sept. Mo–Sa 9–13 und 15–18, So 9–13 Uhr, Okt.–April Di, Do 9–13 und 15–18, Mi, Fr, Sa 9–13 Uhr, So, Mo geschl.

Medizinischer Notdienst für Touristen
Bardolino – Lazise; Tel. 04 56 21 31 06, 04 57 21 08 32; 15. Juni–15. Sept.

Weinproben ⇢ S. 61, c 2
Die Reiseagentur **Europlan** organisiert im Sommer Ausflüge ins umliegende Weingebiet mit Kostproben.
Riva Mirabello; Tel. 04 56 20 94 44

Ziel in der Umgebung

Lazise

→ S. 121, E 9

Dieses malerische Dorf, 6 km südlich von Bardolino, war unter venezianischer Herrschaft der bedeutendste Handelsort und die erste freie Kommune am See. Sehenswert ist die gut erhaltene Stadtmauer mit ihren Zinnen und den drei Stadttoren, außerdem das beeindruckende sechstürmige **Scaligerkastell** mit seinen steilen Mauern im Park der Villa Bernini (beide in Privatbesitz) und das venezianische Zollhaus am Hafen, das aus dem 14. Jh. stammt.

Hotels/andere Unterkünfte

Casa Mia
Ein chaletähnliches Hotel mit Swimmingpool und Tennisplatz.
An der Gardesana, Eckhaus an der Straße in Richtung Colà; Tel. 04 56 47 02 44, Fax 04 57 58 05 54; www.hotelcasamia.com; 84 Betten ●●●

Al Dugale
Kleines, familiäres Bauernhaus umgeben von Weinreben und Olivenbäumen.
Via Belvedere 3, Pacengo-Lazise; Tel. 04 57 59 05 42, Fax 04 56 49 90 91; 5 Betten ●

Essen und Trinken

La Forgia
Auf einem uralten schmiedeeisernen Grill werden Fische zubereitet.
Via Calle I, 26; Tel. 04 57 58 02 87; tgl. 12–14, 19–22 Uhr, Mo geschl. ●● CREDIT

Il Porticciolo
Hier wird der Gourmet auf Händen getragen und nach der besten Tradition des Hauses verwöhnt.
Lungolago Marconi 22; Tel. 04 57 58 02 54; Di geschl. ●●

Alla Grotta
Das Restaurant liegt direkt am malerischen Hafen. Es ist für seine gute Fischkarte bekannt.
Via Fontana 8; Tel. 04 57 58 00 35; www.allagrotta.it; Di geschl. ●

Taverna da Oreste
Das älteste Restaurant in Lazise mit Kamin mitten im Raum.
Via Fontana 32; Tel. 04 57 58 00 19; tgl. 12–14, 19–22 Uhr, Mi geschl. ● CREDIT

Service

Auskunft

IAT (Informationsbüro)
Via Fontana 14; Tel. 0 45/7 58 01 14; Fax 0 45/7 58 10 40; www.tourism.verona.it; Öffnungszeiten wie bei IAT, Bardolino (→ S. 62)

Bardolinos Flaniermeile: die Seepromenade, die am Bootshafen vorbei bis Garda führt.

Der Süden

Im Süden zeigt sich der Gardasee von seiner sanften Seite. Königin des Südufers ist der Ort Sirmione.

Die Scaligerburg in Sirmione, eine der schönsten und besterhaltenen mittelalterlichen Wasserburgen Italiens, bewacht den Eingang des beliebten Ferienortes.

Am Südufer des Gardasees verändert sich die Landschaft. Die Dramatik der Bergkulisse weicht einer flachen weiten Ebene, die sanfte Hügel und mediterrane Vegetation aufweist. Von den drei bedeutenderen Orten am Südufer zeichnet sich Peschiera durch seine geografische Lage als Knotenpunkt zwischen Ost- und Westteil des Sees aus. Sirmione, der gediegene Kurort, zieht die Besucherströme mit seiner Burg und der malerischen Altstadt an. Desenzano hingegen ist trotz seiner Größe am wenigsten vom Fremdenverkehr geprägt und ein schönes Beispiel eines typisch italienischen Städtchens mit mittelalterlichem Ambiente.

Sirmione

→ S. 120, C 10

5600 Einwohner
Stadtplan → Umschlagkarte hinten

Sirmiones Lage ist tatsächlich einzigartig. An der Spitze einer 4 km langen, schmalen Halbinsel breitet sich der Ort aus. Eine ehemalige Zugbrücke führt direkt zum alten, autofreien Zentrum und verbindet den Ort – der eigentlich eine Insel ist – mit der lang gestreckten Halbinsel.

Am Ortseingang ragt die beeindruckende und besterhaltene **Wasserburg der Scaliger** empor: Die Festungsanlage mit ihren Zinnen und Zugbrücken, Schießscharten und Fallgittern überstand die 700 Jahre, die sie nun schon exisitiert, nahezu unversehrt. Gleich dahinter beginnt die kleine, sehr malerische Altstadt, die ehemalige römische Siedlung Sirmio, die nur durch ein einziges Tor zu erreichen ist. In diesem inzwischen bedeutendsten Thermalort der Lombardei kann man Bade- und Kururlaub verbinden.

1

Die berühmten, so genannten **Grotten des Catull**, am äußeren Ende eines Felsplateaus gelegen, sind vermutlich die Ruinen einer antiken römischen Thermalanlage.

Neben dem Schwimmen und Kuren schätzen Sirmiones Gäste das vielseitige Freizeitangebot. Am Seeufer werden Konzerte und Modenschauen veranstaltet. Auch der Schaufensterbummel macht hier Spaß.

Nachteulen, die ausgiebig tanzen wollen, kommen im benachbarten Desenzano auf ihre Kosten. Unter dem klaren Sternenhimmel Sirmiones liebt man die sanfteren Töne.

Hotels/andere Unterkünfte

Grand Hotel Terme

→ Umschlagkarte hinten, c 3

Außer der luxuriösen Villa Cortine ist das Grand Hotel das einzige Fünf-Sterne-Hotel in Sirmione. Palmengarten mit Swimmingpool und Badesteg am See. Moderne Einrichtung, Thermalschwimmbad im Haus, Hausarzt.
Viale Marconi 7;
Tel. 03 09 90 49 22, Fax 0 30 91 61 92;
www.termedisirmione.com; 115 Betten
●●●● CREDIT

Villa Cortine Palace Hotel

→ Umschlagkarte hinten, b 2

Der Palazzo, im 19. Jh. erbaut, liegt auf einem Hügel in einer prächtigen Parkanlage. Schöne, alte Inneneinrichtung. Das Mittagessen wird am Privatstrand (mit Holzkohlegrill) serviert. Abends diniert man im Garten bei leiser Klaviermusik. Swimmingpool, Tennisplatz, eigener Weg und Steg zum See.
Via Grotte 6;
Tel. 03 09 90 58 90, Fax 0 30 91 63 90;
www.hotelvillacortine.com; 100 Betten
●●●● CREDIT

Eden → Umschlagkarte hinten, b 3

Gepflegtes Hotel garni mit modern-funktionaler Einrichtung für ein gehobeneres Publikum. An der Schiffanlegestelle, an der Ecke zur quirligen Piazza Carducci gelegen.
Piazza Carducci 17/18;
Tel. 0 30 91 64 81, Fax 0 30 91 64 83;
www.hotel-eden.info; 63 Betten ●●●
CREDIT

Schoko oder Vanille, Melone oder Himbeer? Fast jede Gelateria am Gardasee – hier in Sirmione – führt Sie mit rund zwei Dutzend Eissorten in Versuchung ...

Olivi

⇢ Umschlagkarte hinten, b 3

Ruhig gelegen, mit Swimmingpool im schönen Garten. Herrliche Sonnenterrasse im zweiten Stock mit Wassermassage und Solarium.

Via S. Pietro 5; Tel. 03 09 90 53 65, Fax 0 30 91 64 72; www.hotelolivi.com; 124 Betten ●●● CREDIT

Sirmione

⇢ Umschlagkarte hinten, c 3

Geschmackvolles Kurhotel mit eigener Thermalanstalt. Swimmingpool, Restaurant mit Garten, direkt am See.

Piazza Castello 19; Tel. 0 30 91 63 31, Fax 0 30 91 65 58; www.termedisirmione.com; 92 Betten ●●● CREDIT

Du Lac

⇢ Umschlagkarte hinten, südl. c 3

Preiswertes Hotel an der Landzunge von Sirmione. Schlichte, aber gepflegte Inneneinrichtung. Veranda-Restaurant mit Strandbar, Swimmingpool.

Via XXV Aprile 60; Tel. 0 30 91 60 26, Fax 0 30 91 65 82; www.hoteldulacsirmione.com; 55 Betten ●● CREDIT

Florida

⇢ Umschlagkarte hinten, südl. c 3

Solides Familienhotel. Leider nicht am See, dafür Top-Service. Dazu ein Swimmingpool und ein hoteleigener Parkplatz.

Via Colombare 91; Tel. 0 30 91 90 18, Fax 03 09 90 42 54; 52 Betten ●●

Fonte Boiola

⇢ Umschlagkarte hinten, c 3

Hotel mit eigenem Kurbad und Garten am See. Gemütlich-elegant.

Viale Marconi 11; Tel. 0 30 91 64 31, Fax 0 30 91 64 35; www.termedisirmione.com; 96 Betten ●● CREDIT

Spaziergang

Der Weg führt durch das Stadttor in den Ort, den Burggraben entlang bis zum Restaurant Grifone da Luciano (Wegweiser »Passeggiata panoramica«). Dann nimmt man die Rechtsabzweigung in die Via Dante bis zur Kirche **Santa Maria Maggiore** (Eingang links). Geradeaus weiter erreicht man den von italienischen Müttern mit Kleinkindern gern besuchten Kieselstrand. Man folgt dem Weg, bis man links den prächtigen Park des Luxushotels Villa Cortine Palace mit seinen Zypressen und Pinien vor Augen hat. 100 m weiter tut sich plötzlich der Blick auf ein hohes grünbewachsenes Felsplateau auf. Nach dem Holzsteg des »Bionde«-Strandes führen gleich links Stufen hinauf zum Olivenhain. Hier kann man Platz nehmen und dem Gezwitscher der Vögel lauschen. Dann biegt man in die Asphaltstraße rechts ein, nimmt die erste Straße links, die durch einen ebenso schönen Olivenhain führt. Die erste Abzweigung rechts in die Via S. Pietro führt zur gleichnamigen uralten Kirche. Links an ihr vorbei führt ein Weg bis zur Villenstraße hinunter. Man geht bis zum Eingangstor des Parks, in dem das Nobelhotel Villa Cortine Palace liegt. Dem Tor schräg

gegenüber befindet sich eine hohe, gelbe Villa: Sie gehörte einst Gian Battista Meneghini, dem Ehemann von Maria Callas. Der Weg führt geradeaus weiter bis zur Altstadt. Der Spaziergang dauert rund 50 Minuten.

Sehenswertes

Boiola-Quellen

····› Umschlagkarte hinten, a 1

Südlich der Grotten des Catull entspringt in 19 m Tiefe und 330 m vom Ufer entfernt die 69 °C heiße Schwefelquelle Boiola. Entdeckt wurde sie bereits um 1500. Sie speist die zwei öffentlichen Thermalbäder von Sirmione und die drei mit eigenen Thermalbädern versehenen Kurhotels. Die Heilquelle eignet sich zur Behandlung rhinogener Gehörleiden – wer darunter leidet, findet in Sirmione das größte Heilzentrum Italiens –, aber auch zur Bekämpfung von Rheuma, Gicht, Bronchial-, Lungen- sowie Frauenleiden. Das Quellwasser wird in den verschiedensten Formen angewendet.

Grotte di Catullo

····› Umschlagkarte hinten, a 1

An der Spitze der Halbinsel liegen auf dem dritten Hügel die ausgedehnten 5 Ruinen einer antiken römischen Villa (230 m lang und 105 m breit), im Volksmund fälschlicherweise als die »Grotten des Catull« bezeichnet. Die Familie des römischen Dichters (87–54 v. Chr.) stammt zwar aus dieser Gegend, und Catull hat Sirmione auch mehrmals besungen (»Salve, o venusta Sirmio ...«), doch handelt es sich bei der Villa vermutlich um einen Kaiserpalast aus dem 2. Jh. mit Thermalanlage oder eine große Thermalbadeanstalt. Wenn man die Treppe vom Hügel in Richtung Strand hinuntergeht, beachte man u. a. das große Schwimmbecken und die imposanten Gewölbe. Tipp: Lustwandeln Sie in der Ruinenlandschaft bei Abendstimmung. Spätestens, wenn Sie den höher gelegenen Olivenhain mit Rundblick auf den Gardasee erreichen, wissen Sie, warum ...

Tel. 0 30 91 61 57; März–14. Okt. 8.30–19, sonst bis 16.30 Uhr, Mo geschl.; Eintritt 4 €, Bimmelbahn-Service von den Thermen zu den »Grotten« 1 €

Santa Maria Maggiore

····› Umschlagkarte hinten, c 3

Diese Pfarrkirche aus dem 15. Jh. am Abhang zum See beherbergt eine schöne holzgeschnitzte Orgel und einen beachtenswerten Marmoraltar aus dem 18. Jh.

Tgl. 8 Uhr bis Sonnenuntergang

Die Grotten des Catull, Sirmiones archäologische Attraktion, sind in ihrer Bestimmung von den Wissenschaftlern nicht eindeutig geklärt. Faszinierend sind sie allemal.

San Pietro in Mavino

→ Umschlagkarte hinten, b 2

Diese romanische Kirche wurde bereits im Jahre 765 von langobardischen Mönchen gegründet und über einem heidnischen Tempel errichtet. Sehenswert ist im Inneren der einsam auf dem zweiten Hügel Sirmiones zwischen Zypressen und Olivenbäumen gelegenen Stätte das schlichte Fresko des Jüngsten Gerichts von 1321.

Tgl. 8 Uhr bis Sonnenuntergang

Scaligerburg

→ Umschlagkarte hinten, c 3

Eine der eindrucksvollsten und besterhaltenen Scaligerburgen am Gardasee, um 1250 von Mastino I. della Scala gegründet. Dieser Wehrbau, der von einem großen Wassergraben umgeben ist, besteht aus einer Kernburg mit schlankem Bergfried, einer hohen zinnengekrönten Ringmauer, einem ebenso aufwendigen wie prachtvollen Wohnbau und einem viereckigen Hafenbecken. Mehrere Zugbrücken verbinden die Hauptburg mit den Vorburgen und der gut erhaltenen Altstadt. Einen großartigen Blick auf die Wasserfestung und den Gardasee genießt man vom 30 m hohen Hauptturm Mastio aus. Im Innenhof und unter dem Gewölbe am Eingang sind Reste des langobardischen Klosters San Salvatore sowie Meilensteine, Mosaiken und eine langobardische Schmuckplatte zu sehen.

Tel. 0 30 91 64 68; im Sommer Di–So 9–19 Uhr, Mo geschl.; Eintritt 5 €

Museum

Antiquarium

→ Umschlagkarte hinten, a 1

So heißt das Museum am Eingang zu den **Grotten des Catull** (→ S. 67). Es beherbergt u. a. einen vielfarbigen Gebäudegiebel und schönste Freskenreste, die mit ihrer faszinierenden Modernität den interessierten Betrachter wahrlich begeistern. Besonders sehenswert ist ein Freskofragment mit einer Fischerei-Szene. Sie fesselt den Besucher mit ihrem lebhaften Realismus, ihren natürlichen Farben. Man hätte direkt Lust, auch ins Meer zu springen und den Fischern bei ihrer Arbeit zu helfen …

Öffnungszeiten → S. 67, So geschl.; Eintritt 4 € (inkl. Grotten)

Essen und Trinken

La Rucola

→ Umschlagkarte hinten, b/c 3

Ein rustikal-elegantes Restaurant mit Fisch- und Fleischspezialitäten.

Via Strentelle 7 (in Burghöhe); Tel. 0 30 91 63 26; www.ristorantelarucola.it; tgl 13–14, 20–22 Uhr, Do und Fr mittag geschl. ●●●

Ristorante Signori

→ Umschlagkarte hinten, b 3

Schwarz-weiß-gold gestyltes Restaurant am See mit einer schönen Terrasse: Man kann zwischen »See« und »Hügeln« wählen (so heißen die beiden Menüs) oder auch à la carte essen. Sehr gut aufeinander abgestimmt die Jakobsmuscheln mit Curry und Reis, etwas zäh hingegen die Entenbrust mit Orangensauce. Die fruchtigen Desserts versöhnen wieder. Schöne Weinkarte.

Via Romagnoli 17; Tel. 0 30 91 60 17; www.ristorantesignori.it; tgl. 12.30–15.30, 19.30–24 Uhr, Mo geschl., im Nov. geschl. ●●● CREDIT

Grifone

→ Umschlagkarte hinten, c 3

Schattige Laubenterrasse am See mit schönem Blick auf die Ringmauer. Empfehlenswerte Fischspezialitäten.

Via delle Bisse 5 (gegenüber der Burg); Tel. 0 30 91 60 97; tgl. 12–14.30 und 19–22.30 Uhr, Mi geschl. ●● CREDIT

Lugana → S. 121, D 10

Schönes Terrassenrestaurant am See. Sehr gut: Crêpes mit Scampi-Creme.

Lugana, 3 km von Sirmione entfernt; Tel. 0 30 91 90 03; tgl. 12.30–14.30 und 19.30–22 Uhr, Mi geschl. ●● CREDIT

Risorgimento

⇢ Umschlagkarte hinten, c 3

Man isst sehr idyllisch am Hauptplatz von Sirmione im Freien, mit Blick auf den See.

Piazza Carducci 5; Tel. 0 30 91 63 25; Di geschl. ●●

La Botte

⇢ Umschlagkarte hinten, b 3

Signor Carlo bietet in seinem Restaurant beste Rindfleisch-Qualität zu angemessenen Preisen.

Via Antiche Mura 27; Tel. 0 30 91 62 73; tgl. 12–14.30 und 19–22.30 Uhr ● CREDIT

Re Desiderio

⇢ Umschlagkarte hinten, b 3

Nettes Terrassenrestaurant mit tollen Meeresfrüchtesalaten! In einer verglasten Bodenöffnung sind antike Ruinen sichtbar.

Via Antiche Mura 11; Tel. 03 09 19 66 83; Di geschl. ●

Einkaufen

La Bottega del Carlo

⇢ Umschlagkarte hinten, c 3

Ob als Mitbringsel oder für den Eigenbedarf – die erlesenen Töpfe, Teller und Krüge sind wunderschön.

Via Dante 21

Eleonora

⇢ Umschlagkarte hinten, b/c 3

Todschicke Damenmode – von Ferragamo bis Céline – für die elegante Dame, die sich rundum verwöhnen lassen will.

Via V. Emanuele 41

Emy for Men

⇢ Umschlagkarte hinten, b/c 3

Für den gut angezogenen Mann nur das Allerbeste, wie etwa die bunten Missoni-Pullover.

Via Romagnoli 1 (bei der V. Emanuele)

Markttag ⇢ S. 121, C/D 10

Lebensmittel und Kleidung kann man jeden Mo von 8 bis 13 Uhr an der Piazza Mercato im Stadtteil Colombare

Das Kastell von Sirmione mit seiner zinnengekrönten Ringmauer – es stammt aus dem Jahr 1250 – präsentiert sich noch immer wehrhaft.

erstehen; Kleidung, Schuhe, Haushaltsgegenstände und Lebensmittel bieten die Händler jeden Fr von 8 bis 13 Uhr in Lugana di Sirmione.

Shopping

⇢ Umschlagkarte hinten, b 3

Wer es klassisch liebt, sollte einen Abstecher in diesen Laden machen. Hier findet man zeitlose Damen- und Männermode.

Via V. Emanuele 28

Supermercato Migros ⇢ S. 121, E 11

Für den täglichen Bedarf bestens sortiert und preisgünstig ist dieser Supermarkt.

Am Ortseingang von Peschiera, an der SS 249 Richtung »Gardaland«

Am Abend

Bar Carducci

⇢ Umschlagkarte hinten, c 3

Auf den originellen, bunten Eiskreationen weht ein Surfsegel im Mini-Format. Die anderen Straßencafés an der Piazza Carducci sind ebenso einladend und gemütlich, besonders von 21 bis 23 Uhr, wenn das Orchester nostalgische Lieder spielt.

Piazza Carducci

MERIAN-Tipp

7 Wellness-Oase Terme di Sirmione

Relaxen, sich verwöhnen lassen, etwas für die Gesundheit tun – das bieten die Thermen in Sirmione. Die Anlage in der historischen Altstadt von Sirmione ist das ganze Jahr über geöffnet und bietet neben Fangotherapien oder Massagen auch Hilfe bei Gefäß-, Haut- und anderen Krankheiten.

Terme di Sirmione; Reservierungszentrale: Tel. 03 09 90 49 23; www.termedisirmione.com

→ Umschlagkarte hinten, b 3

Biblò → S. 120, C 10

Eine Disco für House-music-Freaks!

Zwischen Sirmione und Desenzano an der Schnellstraße (SS 11), Via Colli Storici 2

Ai Cigni

→ Umschlagkarte hinten, b/c 3

Auch abends wird die Cafeteria gern als Treffpunkt frequentiert.

Via V. Emanuele

Dehor-Dance and Dinner Club

→ S. 120, B 11

Dieses raffinierte Tanz- und Abendlokal hat den Platz der ehemaligen Riesendisco Genux eingenommen. Eleganteres Ambiente als früher, es gibt sogar ein Zigarrenzimmer im Stil der 50er-Jahre.

4 km von der Autobahn-Ausfahrt Desenzano (in Richtung Castiglione delle Stiviere), Via Mantova; Tel. 03 09 91 99 48; Di, Fr–Sa abends geöffnet

Via Vittorio Emanuele

→ Umschlagkarte hinten, b/c 3

Diese Gasse ist Sirmiones beliebte Treffpunkt der Nachtbummler, die nach der Devise »sehen und gesehen werden« in schöner italienischer Manier hier stundenlang auf und ab flanieren, unterbrochen von einem Gelato hier und einem Espresso da …

SERVICE

Auskunft

Azienda di Promozione Turistica (APT) → Umschlagkarte hinten, c 3

Das APT ist zuständig für Thermalauskünfte und Autopassierscheine in die Altstadt für An- und Abreisende mit Gepäck.

Viale Marconi 2, 25019 Sirmione; Tel. 0 30 91 61 14, Fax 0 30 91 62 22; www.provincia.brescia.it; Ostern–31. Okt. tgl. 9–12.30 und 15–18, 1. Nov.–Ostern Mo–Fr 9–12.30 und 15–18, Sa 9–12.30 Uhr, So geschl.

Busfahrten nach Verona

6.25–19.25 Uhr jede Std., Dauer der Fahrt eine Stunde Hin und zurück 6 €. Sonderservice zu den Festspielen in der Arena.

Medizinischer Notdienst für Touristen

Tel. 03 09 90 47 34; Mitte Juni–Mitte Sept.

Ziele in der Umgebung

Borghetto → S. 121, E 12

Eine großartige Sehenswürdigkeit gibt es in diesem Ort direkt am Mincio-Fluss: die eindrucksvollen Reste der **Visconti-Brücke** (eigentlich ein Staudamm, 600 m lang, 26 m breit und 10 m hoch), die der Mailänder Herrscher Giangaleazzo Visconti 1393 errichten ließ, um den Mincio-Fluss zu sperren. Der schützende See um Mantua hätte seinen Zufluss verloren und die Stadt wäre in die Hände der Mailänder gefallen. Durch den Tod des Visconti (1402) blieb aber Mantua unter der Herrschaft der Gonzaga. Später kam die Brücke den Mailändern doch zugute: Sie sperrte die Schiffsverbindung der Venezianer zum Gardasee. So mussten sie im Krieg gegen die Mailänder ihre Schiffe mit großer Mühe über das Gebirge transportieren! 6

23 km südöstl. von Sirmione

ESSEN UND TRINKEN

Antica Locanda Mincio

Direkt am Fluss gelegenes Speiselokal. Spezialität: Tortellini mit Kürbismousse-Füllung.

Via Buonarotti 12; Tel. 04 57 95 00 59; www.anticalocandamincio.it; tgl. 12.30–14, 19–21.30 Uhr, im Winter ab 19.30 Uhr, Mi, Do geschl. ●●● CREDIT

Desenzano

⇢ S. 120, B 10

22 650 Einwohner

Desenzano ist die größte Stadt am Gardasee. Hier lohnt ein ausgedehnter Einkaufsbummel. Jeden Dienstag findet ein Wochenmarkt an der Seepromenade Cesare Battisti statt. Sehenswert sind u. a. die mittelalterliche Burg und das Hafenbecken. Desenzano liegt äußerst verkehrsgünstig an der Bahnlinie Mailand–Venedig und an der »Serenissima«-Autobahn in gleicher Richtung. Nach Brescia sind es 28 km, nach Verona 37 km und nach Mantua 47 km.

9,5 km westl. von Sirmione

HOTELS/ANDERE UNTERKÜNFTE

Piccola Vela

Gepflegt und sauber, mit Swimmingpool im Garten.

Via Dal Molin 20; Tel. und Fax 03 09 91 46 66; www.gardalake.it/piccola-vela; 80 Betten ●●●● CREDIT

Feriendorf Vò'

Besonders für Familien mit Kleinkindern geeignet; das Feriendorf liegt mitten im Grünen und am Seeufer.

Via Vò' 4-9; Tel. 03 09 12 13 25, Fax 03 09 12 07 73; www.voit.it; 80 Ein- bis Zwei-Zimmer-Wohnungen ●● CREDIT (nur kleine Hunde)

SEHENSWERTES

Römische Badevilla

Ein Muss für Kunstfreunde sind die Ruinen dieser römischen Badevilla (3. Jh. n. Chr.), die einen 240 qm großen Mosaikfußboden aufweist.

Via Scavi Romani; Tel. 03 09 14 35 47; 1. März–14. Okt. Di–So 8.30–19.30, 15. Okt.–1. März Di–So 8.30–17 (Ruinen), 8.30–19.30 Uhr (»Antiquarium«-Museum), Mo geschl.; Eintritt 4 €

Santa Maria Maddalena

Die Pfarrkirche von Desenzano birgt einen Schatz: Tiepolos »Letztes Abendmahl« (18. Jh.) links in der zweiten Kapelle der Kirche.

Piazza Duomo; Ende März–Ende Okt. tgl. 7.30–11.30 und 16–18.30 Uhr

ESSEN UND TRINKEN

Cavallino

Gut essen kann man in diesem Schlemmerlokal; man tafelt unter einer riesigen Markise vor der Sonne geschützt im Freien.

Via Murachette 29; Tel. 03 09 12 02 17; tgl. 12–14.30 und 19–24 Uhr, So abend, Mo geschl. ●●●

Esplanade

Besonders romantisch ist dieses exklusive Restaurant direkt am Seeufer.

Via Lario 10; Tel. 03 09 14 33 61; tgl. 12.30–14 und 20–22 Uhr, Mi geschl. ●●● CREDIT

Hafenbecken von Desenzano mit Blick auf die mittelalterliche Burg.

In den Laubengängen der Altstadt von Desenzano reihen sich die Läden aneinander.

EINKAUFEN

Antiquitätenmarkt

Besuchen Sie auch den Antiquitätenmarkt. Im Freien werden alte Möbel, Bilder, Stiche und viele Lampen angeboten.

Piazza Malvezzi; am ersten So des Monats 9–19 Uhr (außer Jan. und Aug.)

AM ABEND

Zwischen Desenzano und Sirmione gibt es mehrere interessante Bars und Diskotheken (→ Sirmione, Am Abend, S. 69).

Bar Pascià ⇢ S. 120, B 10

So stellt man sich das Innere eines Harems vor. An den Wänden der Bar stehen Couchen, die Decke wölbt sich golden.

Am alten Hafen, Via dal Molin 10

Sesto Senso ⇢ S. 120, B 10

Eine coole Disco mit ohrenbetäubenden Rhythmen. Romantiker zieht es eher in die gemütliche Pianobar nebenan: Hier ist es verraucht und voll, nicht zuletzt wegen der mitreißenden Songs des Pianisten.

Via dal Molin 66; www.sestosenso.it

SERVICE

Auskunft

Azienda di Promozione Turistica (APT-IAT)

Via Porto Vecchio 34, 25015 Desenzano; Tel. 03 09 14 15 10, Fax 03 09 14 42 09; www.provincia.brescia.it; Juli–Aug. Mo–Sa 9–12.30 und 14–19, So 9–12.30, sonst Mo–Fr 9–12.30 und 15–18, Sa 9–12.30 Uhr

Madonna del Frassino

⇢ S. 121, D 11

Diese barock anmutende Wallfahrtskirche, 3 km südwestlich von Peschiera, wurde 1511 errichtet, aber erst 1910 vollendet. In den Seitenkapellen sind vier Ölgemälde von Paolo Farinati (16. Jh.) zu sehen. Die winzige Terrakottafigur der Madonna del Frassino (16. Jh.), am 5. Seitenaltar rechts aufgestellt, stammt aus Frankreich. Sehr schön sind die beiden restaurierten Kreuzgänge mit Fresken (17. Jh.) aus dem Leben der Heiligen Franziskus und Antonius.

14 km südöstl. von Sirmione; Tel. 0 45/7 55 05 00; tgl. 8–19.30 Uhr

Peschiera del Garda

⇢ S. 121, E 11

Das rege Hafenstädtchen (ca. 9000 Einwohner) liegt am Ufer des Mincio-Flusses, der hier den einzigen Abfluss des Gardasees bildet und als natürliche Grenze Venetien von der Lombardei trennt.

Die 2,3 km lange, fünfeckige Festungsanlage wurde im 16. Jh. von dem berühmten venezianischen Baumeister Sanmicheli erbaut. Sie erinnert aber auch an Peschieras bewegte jüngere Vergangenheit: Die Stadt gehörte 1815 bis 1866 mit Verona, Mantua und Legnago zu den mächtigen österreichischen Verteidigungsanlagen des so genannten »Festungsvierecks« und bedrohte bis zuletzt

die italienische Einheitsbewegung in Oberitalien. Die Festungsanlage kann nur von außen besichtigt werden.
11 km südöstl. von Sirmione

Hotels/andere Unterkünfte

Fortuna
Nicht unbedingt schön gelegen, aber eine ideale Übernachtungsmöglichkeit für Arena-Besucher, wenn Verona wieder mal ausgebucht ist. Direkt beim Bahnhof Peschiera.
Via Venezia, 24; Tel. und Fax 04 57 55 01 11; www.fortunahotel.com; 129 Betten ●●●● CREDIT ♿

San Martino della Battaglia

→ S. 120, C 11

Auf dem Hügel von San Martino, 6 km von Colombare entfernt, erinnert ein 74 m hoher Aussichtsturm an den italienisch-französisch-österreichischen Krieg von 1859. Hier rangen am 24. Juni die verbündeten Franzosen und Italiener die Österreicher nieder. In den sieben übereinanderliegenden Sälen des Turms stellen große Wandfresken mit eindrucksvollen Schlachtszenen die Geschichte des italienischen Risorgimento (Einigungsbewegung von 1848–1870) dar. Schräg gegenüber vom Turm bewahrt ein Ossario die Schädel und Gebeine von 1274 gefallenen Soldaten auf.
7,5 km südl. von Sirmione; Tel. 03 09 91 03 70; 1. März–30. Sept. Mo–Sa 9–12.30 und 14–18.30, Sa–So 9–19 Uhr; Eintritt 5 €

Solferino

→ S. 120, C 12

In Solferino erinnert die Kirche **San Pietro** (heute ein Beinhaus) mit 1413 aufbewahrten Schädeln an die zweite Niederlage der Österreicher, am 24. Juni 1859. Das verheerende Ergebnis: Über 25 000 Tote und Verletzte lagen auf den Schlachtfeldern. Der grausige Anblick bewegte den Schweizer Augenzeugen Henri Dunant dazu, das Rote Kreuz zu gründen.
19 km südwestl. von Sirmione; Tel. 03 76 85 40 19; Öffnungszeiten Mitte März–Mitte Okt. Di–So 9–12 und 14–19 Uhr, Mo geschl.; Eintritt 4 € (Man stärkt sich dann in der Fattoria Avanguardia, Piazza Marconi 13; Tel. 03 76 85 40 55)

Valeggio sul Mincio

→ S. 121, E 12

Dieser kleine Ort, 8 km südlich von Peschiera, ist nicht nur wegen seiner Feinschmeckerlokale und der malerischen Scaligerburg-Kulisse einen Abstecher wert. Wer sich Zeit nimmt und eine Weile durch die Straßen des Zentrums spaziert, vielleicht auf der Piazza einen Kaffee oder ein Glas Wein trinkt, wird ein sehr authentisches italienisches Städtchen kennen lernen.
23 km südöstl. von Sirmione

Sehenswertes

Parco Giardino Sigurtà
In Valeggio sul Mincio liegt der berühmte Parco Giardino Sigurtà, eine 50 ha große, gepflegte Parkanlage mit reicher Mittelmeerflora in hügeliger Landschaft. Das 7 km lange Gelände – es zählt zu den schönsten Gärten der Welt – kann man nur zu Fuß, mit Fahrrad oder der Bimmelbahn 👪 erkunden. Besonders schön sind die Seerosen und die Rosenallee mit der Burg von Valeggio im Hintergrund. Am meisten fasziniert aber vielleicht der Gegensatz zwischen dem fast grenzenlos ausgedehnten Gelände und der minutiösen Sorgfalt, mit der hier in jedem Winkel alle Schönheiten der Natur zur Geltung gebracht, gehegt und gepflegt werden.
Von Peschiera aus am Ortseingang von Valeggio rechts; Tel. 04 56 37 10 33; www.sigurta.it; März–Anf. Nov. tgl. 9–18 Uhr; Bahnkarte 3 €, Leihfahrrad 4 € pro Std., Eintritt 9,50 €

Adrenalinkick mit Seeblick

Kletterfelsen und Surfspot, Biketrail und Strandbad: Der Gardasee lässt Sportlerherzen höher schlagen.

Wenn Sportfreunde an den Gardasee fahren, packen sie ihr Auto voll bis obenhin. Das Surfboard samt Schwimmweste muss mit, das Kite auch; dazu kommen noch Mountainbike, Inliner, feste Bergschuhe. Und eine Luftmatratze – für die ruhigen Momente am See. Dann geht's ab nach Torbole, dank der optimalen Winde der beliebteste Surfertreff. Wer früh genug an den See kommt, erwischt noch einen Parkplatz seitlich der Uferstraße, ab 10 Uhr ist dort alles voll. Doch sobald der Wind in den Segeln bläst, sind Parkplatzsuche und alle anderen Strapazen vergessen. Vento und Ora heißen die beiden besten Freunde der Surfer. Der Nordwind Vento erreicht in den frühen Morgenstunden Höchstgeschwindigkeiten bis zu 15 Meter pro Sekunde. Der warme Südwind Ora startet gegen Mittag mit Geschwindigkeiten zwischen 14 und 16 Meter pro Sekunde und bläst bis Sonnenuntergang. An manchen Tagen ist der See vor dem Städtchen so voller kunterbunter Segel, dass man kaum noch das Wasser dazwischen erkennen kann. Zu den Surfern gesellen sich inzwischen immer mehr Kiter: Surfer, die wie beim Drachenfliegen an einem riesigen Segel hängen. Für Wake- und Kiteboarder ist allerdings Brenzone die bessere Adresse, denn der See ist dort im Gegensatz zum äußersten Norden relativ breit und frei.

Obwohl es aussieht, als hätten die Surfer den See fest im Griff, sind in den letzten Jahren die Segler dabei, ihr Terrain zurückzuerobern. Immerhin wurde in Torbole in den 60er-Jahren der erste Segelclub gegründet – die meisten Surfer waren zu diesem Zeitpunkt noch nicht mal auf der Welt. Einen Siegeszug tritt gerade die sportlichere Variante, das Katamaransegeln, an. Einen Segelverein, der Schulungen und Kurse anbietet, findet man in jedem Uferort.

Vom Wind unabhängig sind die Wasser-Scooter, die zwischen den Surfern und Seglern auf dem See unterwegs sind. Scooter kann man ab

18 Jahren fahren; hat der Scooter mehr als 40 PS, braucht man allerdings einen Führerschein.

Mountainbiken ist der zweite große Volkssport am Gardasee, am liebsten entlang der Berghänge im Norden. Bikes kann man sich inzwischen in fast alles Seeorten ausleihen, es gibt sogar schon Reparaturwerkstätten, wenn der Reifen schlapp macht. Vor allem an den ehemaligen Fronten der italienischen und österreichischen Truppen haben die Biker ein perfektes Terrain – herrliche Abfahrten, gepaart mit einzigartigen Blicken auf den See und das Hinterland. Alte Militärstraßen aus dem Ersten Weltkrieg schlängeln sich in Serpentinen durch Felstunnel und Tore hoch bis in schwindelnde Höhen. Als eine der schönsten Mountainbike-Touren gilt die auf den Monte Tremalzo.

Wer lieber zu Fuß unterwegs ist, bekommt jedoch auch eine Menge geboten. Von Olivenhainen und sanften Hügeln geht es rasch hoch zu Almwiesen und schroffen Felsgebilden. Der italienische Alpenverein hat eine ganze Reihe von Wegen durchnummeriert und gekennzeichnet. Darunter sind leichte Wanderwege, aber auch schwierigere Touren. Die Karten bekommt man in den Informationsbüros oder Kiosken vor Ort. Einkehren kann man in Berghütten, die von Juni bis September geöffnet sind. Das bekannteste Wanderrevier rund um den Gardasee ist das Massiv des Monte Baldo.

Auch eines der besten Klettergebiete Europas liegt am Gardasee oberhalb von Riva – liebevoll wird es als das größte deutsche Klettergebiet bezeichnet. Dort gibt es alles, was der Einsteiger und der Freak suchen! In kleinen Klettergärten wird geübt, dann kann das Erlernte in Mehrseillängen-Touren erprobt werden. Klettersaison ist am Gardasee im Frühjahr und Herbst, im Sommer sollte man die Mittagshitze einkalkulieren und nicht zu spät lossteigen. Dann ist man wieder unten, wenn die Temperaturen in unerträgliche Höhen steigen.

Passionierte Freeclimber können sich an den Wänden im Klettergarten von Arco austoben. Dort findet auch im September die Weltmeisterschaft der Freeclimber statt, der welthöchste Kletterwettkampf, der Steilwandtänzer aus aller Welt nach Arco lockt.

Aber natürlich kann man sich am Gardasee auch ganz klassisch sportlich betätigen: Badehose an und ab ins Wasser.

Mountainbiken mit Aussicht: Im Tal liegt das Städtchen Torbole direkt am See.

Das Westufer

Das Westufer, die Zitronenriviera, ist das weltweit nördlichste Anbaugebiet von Zitrusfrüchten.

Im kleinen Städtchen Salò in der gleichnamigen malerischen Bucht verbrachte von jeher die italienische Prominenz ihre Urlaube. So wartet denn auch eine Reihe exquisiter Läden auf solvente Kundschaft.

Die Riviera dei Limoni, wie das Westufer auch genannt wird, lebt längst nicht mehr vom Zitronenhandel. Auch hier hat der Fremdenverkehr Einzug gehalten. Seit 1931 der Bau der eindrucksvollen Felsenstraße das bis dahin nur per Schiff erreichbare Limone aus seiner Isolation befreite, hat sich das Fischerdorf zu einem modernen Ferienort gemausert. Altherrschaftliches Flair verbreitet das weiter südlich gelegene Gargnano mit seinen Villen, Sommerresidenzen und Parkanlagen. Üppige mediterrane Vegetation und gute Einkaufsmöglichkeiten erwarten den Besucher in Salò.

Salò

⇢ S. 118, A 8

Knapp 10 000 Einwohner
Stadtplan → Umschlagkarte hinten

Wenn man von San Felice del Benaco in Richtung Norden fährt und plötzlich eine schöne hufeisenförmige Bucht erblickt, dann ist man in Salò angekommen. Historiker verbinden mit dem Namen die »Republik von Salò«, denn dieses geschichtsträchtige alte Städtchen war von 1943 bis 1945 Amtssitz der faschistischen Marionettenregierung Mussolinis. Heute macht der Ort mit seinen emsigen Geschäftsgassen einen sehr lebhaften Eindruck. Wenn auch ein Erdbeben 1901 weite Teile Salòs zerstörte, so zeugen doch noch etliche Häuserfassaden und Palazzi vom architektonischen Einfluss Alt-Venetiens. Italiener suchen in Salò Erholung, kaufen aber auch gern ein.

Hotels/andere Unterkünfte

Duomo

⇢ Umschlagkarte hinten, b 2

An der Seepromenade mit Blick auf den Golf von Salò gelegen. Moderne komfortable Zimmer, teils mit Balkon.
Lungolago Zanardelli 91;
Tel. 0 36 52 10 26, Fax 03 65 29 04 18;
www.hotelduomosalo.it; 40 Betten ●●●●
CREDIT

Laurin ⇢ Umschlagkarte hinten, b 1

Eine Original-Jugendstilvilla wie im Bilderbuch. Am allerschönsten: ein floreales Deckenfresko von Landi (1905) im gleichnamigen Salon. Swimmingpool und Liegewiese.
Viale Landi 9; Tel. 0 36 52 20 22,
Fax 0 36 52 23 82; www.laurinsalo.com;
66 Betten; im Jan. geschl. ●●●●
CREDIT

Salò du Parc

⇢ Umschlagkarte hinten, b 1

Ultramodernes Hotel. Alle Zimmer ab 30 qm groß, mit Balkon und Seeblick. Swimmingpool am See, Wassermassage, Kosmetikbehandlung.
Via Cure del Lino 4;
Tel. 03 65 29 00 49, Fax 03 65 52 03 90;
www.hotelbenessere.it; 68 Betten ●●●●
CREDIT

Spiaggia d'Oro

⇢ Umschlagkarte hinten, östl. c 1

Direkt am Wasser gelegen, mit eigenem Steg, Swimmingpool, Liegewiese, Garage. Sehr ruhig. Fitness-Center und (auch) Bio-Kost.
In Barbarano, 2 km von Salò;
Tel. 03 65 29 00 34, Fax 03 65 29 00 92;
www.gardalake.com/spiaggiadoro;
72 Betten ●●●● CREDIT

Spaziergang

Der Spaziergang beginnt an der Porta Carmine und führt zur Seepromenade Lungolago Zanardelli hinunter. Ein paar Schritte weiter steht etwas versteckt der Dom. Geht man am Seeufer entlang, erreicht man den **Palazzo della Magnifica Patria** mit dem schönen Arkadengang an der Piazza della Vittoria. Dahinter beginnt die »Bummelgasse« Via Butturini im Herzen der Altstadt, die weiter westlich in die ebenso geschäftige Via S. Carlo übergeht. Gönnen Sie sich unter der Statue des Heiligen, bei Vassalli, einen köstlichen Eisbecher. Geradeaus weiter, in der Via Zanelli 11, entdeckt man Girardi, einen uralten Tante-Emma-Laden mit einer wunderschönen

Salò bietet seinen Besuchern Sehenswertes: die von Palazzi gesäumte Uferpromenade und den prächtigen Dom, ein bedeutendes Werk der Spätgotik.

Fassade. Nach dem Uhrenturm biegt man gleich links in die **Piazza Vittorio Emanuele II** ab bis zum Seeufer hinunter. Hier gibt es die schicksten Boutiquen, man muss dafür auch etwas tiefer in die Tasche greifen. Der Spaziergang dauert etwa 40 Minuten. Versäumen sollte man auch keinesfalls die Seepromenade.

Sehenswertes

Convento dei Cappuccini

⟶ Umschlagkarte hinten, c 1

An dieser Kirche eines Kapuzinerklosters ist vor allem das schöne Portal von 1456 von Interesse; ursprünglich war es für den Dom vorgesehen.

Im Ortsteil Barbarano, gegenüber vom Palazzo Martinengo links hinauf

Palazzo della Magnifica Patria

⟶ Umschlagkarte hinten, b 1/2

Durch den Arkadengang ist der Palazzo direkt mit dem Rathaus verbunden. Früher tagte hier der Rat »Comunità della Riviera«, heute sind darin Stadtpolizei und **Museo Civico Archeologico** untergebracht.

Lungolago Zanardelli 52

Palazzo Martinengo

⟶ Umschlagkarte hinten, c 1

Eine Prunkvilla, 1 km nördlich von Salò, rechts am Eingang zum Ortsteil Barbarano. Seit 1540 ist hier die Familie Martinengo ansässig. Das mitten in einem Park gelegene Schloss ist der Öffentlichkeit nicht zugänglich und nur vom See aus zu bewundern.

Barbarano, an der Gardesana-Straße

Palazzo del Podestà

⟶ Umschlagkarte hinten, b 1

Das Rathaus, von Sansovino 1486 bis 1570 entworfen, stürzte beim Erdbeben 1901 ein und wurde vier Jahre später wieder aufgebaut. Besonders hübsch sind die venezianische Fassade und der Arkadengang.

Lungolago Zanardelli 52; nur von außen zu sehen

Santa Maria Annunziata

⟶ Umschlagkarte hinten, b 2

7

Der Dom von Salò wurde ab 1453 vom Architekten Filippo delle Vacche aus Pavia in spätgotischem Stil erbaut und erst Anfang des 16. Jh. vollendet. Beachtenswert sind das

Renaissanceportal aus weißem Marmor von Antonio della Porta (um 1500) an der unverkleideten Ziegelsteinfassade und das Gemälde »Hl. Antonius von Padua«, ein fast ironisch anmutendes Werk von Gerolamo da Romano (1486–1560), auch »Romanino« genannt, zwischen der zweiten und dritten Seitenkapelle links.

Sehr realistisch geschnitzt ist der vor einigen Jahren restaurierte und danach »publikumsnah« in der ersten Seitenkapelle links untergebrachte Christus am Kreuz: ein Meisterwerk des Johannes Teutonicus (ein deutscher Bildhauer, der sich im 15. Jh. in Torri del Benaco niederließ). Die reich dekorierten barocken Kandelaber am Altar sind ebenfalls eine Besonderheit. Sie wurden nach der Überlieferung aus der Bronze jener türkischen Schiffskanonen gegossen, die Don Juan d'Austria in der Seeschlacht von Lepanto (1571) erbeutet hatte.

Piazza Duomo; tgl. 8–12 und 15–18 Uhr

Museen

Museo Civico Archeologico

⇢ Umschlagkarte hinten, b 1

Das Museum zeigt interessante Funde, u. a. auch Werkzeuge und allerlei Küchengeräte aus einer antiken römischen Nekropole, untergebracht im Palazzo della Magnifica Patria.

**Lungolago Zanardelli 52;
Tel. 0 36 52 14 23; 28. Okt.–23. März Mo–Fr 9–12.30 und 15–18, Sa 9–12.30 Uhr, 25. März–30. Juni, Do nachm. geschl., 1. Juli–29. Sept. Mo–Sa 9–12.30 und 15.30–18.30, So 9.30–12.30 Uhr; Eintritt frei**

Museo del Nastro Azzurro

⇢ Umschlagkarte hinten, b 1

Das »Museum des Blauen Bandes« beherbergt Stiche und Erinnerungsstücke aus der napoleonischen Zeit sowie aus dem Ersten und Zweiten Weltkrieg.

Palazzo Fantoni, Via Fantoni (hinter dem Dom); Tel. 03 65 29 68 27; 15. Juni–15. Sept. Do, Sa–So 10–12 und 15–17 Uhr

Essen und Trinken

Duomo

⇢ Umschlagkarte hinten, b 2

Dieses Restaurant liegt direkt an der Uferpromenade. Besonders empfehlenswert sind die Spaghetti mit Meeresfrüchten.

Lungolago Zanardelli; Tel. 0 36 52 10 26; Di geschl. ●●●

Antica Trattoria alle Rose

⇢ Umschlagkarte hinten, a 1

Ein verstecktes Lokal für Kenner. »Naturbelassene« italienische Küche.

Via Gasparo 33; Tel. 0 36 54 32 20; tgl. 12–14 und 19.30–22 Uhr ●● CREDIT

La Campagnola

⇢ Umschlagkarte hinten, b 1

Köstlich mundet die hausgemachte Pasta, etwa die Tortelli mit Kürbisfüllung.

Via Brunati 11; Tel. 0 36 52 21 53; Di mittags und Mo geschl. ●●

Cantina S. Giustina

⇢ Umschlagkarte hinten, b 1/2

Im kühlen Weinkeller tischt Signor Feter (gebürtiger Hamburger) den himmlischsten Rohschinken auf. Probieren Sie den jungen Weißwein »Lugana – Co'de Fer« dazu – eiskalt serviert!

Salita S. Giustina; Tel. 03 65 52 03 20; www.cantinasantagiustina.com; nur abends geöffnet, Mo geschl. ●● CREDIT

Bar Italia

⇢ Umschlagkarte hinten, b 2

Die Einheimischen mögen sie, obwohl die roten Sessel aus Kunststoff und die Lampen in unechtem Jugendstil sind. Am schönsten sitzt man aber auf jeden Fall draußen am Seeufer.

Lungolago Zanardelli 24 ●

El Pastiser

⇢ Umschlagkarte hinten, a 1

In dieser beliebten Konditorei geht die Jugend von Salò ein und aus, um die köstlichen Reistörtchen (»risini«) zu genießen.

Piazza Vittorio Emanuele 11 ●

Die Gassen von Salò am Abend.

Teatro Vecchio
→ Umschlagkarte hinten, a 1
In dieser rustikalen Kneipe verabredet man sich zum Glas Bier.
Piazza Vittorio Emanuele II in Richtung See ● ⧄

Vassalli
→ Umschlagkarte hinten, a/b 1
Unter der Statue des San Carlo genießt man sagenhaft gutes Eis und knabbert »croki«, köstliches Nusskrokant.
Via S. Carlo 86 ● ⧄

EINKAUFEN

Agosti → Umschlagkarte hinten, a 1
Die Bäckerei für den Gourmet.
Via Garibaldi 28/3

L'Altro
→ Umschlagkarte hinten, b 1
In diesem modernen Einrichtungsgeschäft beachte man außer den attraktiven Auslagen auch die Freskendecke.
Via Butturini 14

Fratelli Prata
→ Umschlagkarte hinten, b 1
Dieses modern eingerichtete Geschäft ist der Feinkostladen schlechthin. Viele Köstlichkeiten – von der Hasen- oder Lachspastete bis zur saftigen »mozzarella di bufala« (Büffelkäse).
Via Butturini 20

Markttag
→ Umschlagkarte hinten, a 2
Jeden Sa 8–18 Uhr am Parkplatz bei der Piazza Martiri della Libertà am Ortseingang.

Martinetti
→ Umschlagkarte hinten, a/b 1
Preiswerte sommerliche Taschen und eine große Auswahl an Koffern.
Via S. Carlo 98

Pasticceria Duomo
→ Umschlagkarte hinten, b 1
Täglich frische Mandelplätzchen.
Via Butturini 24

Tranquilli
→ Umschlagkarte hinten, a/b 1
Erlesene Geschenkartikel aus Silber.
Via S. Carlo 60

AM ABEND

Absolut
→ Umschlagkarte hinten, a 2
Die Disco von Salò schlechthin, für die ganz jungen Freaks.
Am Ortseingang, Richtung Deszenzano; Tel. 03 65 52 24 46

Estate musicale del Garda
→ Umschlagkarte hinten, b 2
Ein junges Symphonieorchester spielt jeweils im Juli und August klassische Musik auf dem Domplatz von Salò (bei Regen im Dom).

Oby One Jazz Club
→ Umschlagkarte hinten, a 1
Nachtlokal für überzeugte Jazzfans.
Viale Brescia; Tel. 0 36 54 00 75

La Torre
→ Umschlagkarte hinten, a 2
In einem Turm (den – so heißt es – Kaiser Franz Joseph im 19. Jh. errichten ließ) direkt am Wasser geht es vor

allem am Wochenende hoch her. Bis zu 500 Musik- und Tanzfreunde füllen die Pianobars. Einige Gäste kommen auf einen Sprung mit dem Motorboot herüber. Einmal sollte man die einzigartige Atmosphäre auf jeden Fall erlebt haben.
Via Zanardelli 144

Service

Auskunft

Ufficio Informazioni e Accoglienza Turistica (IAT)

⇢ Umschlagkarte hinten, b 1

Piazza Sant'Antonio, 25087 Salò;
Tel. und Fax 0 36 52 14 23;
Mitte März–Juni und Okt. tgl. 9–12.30, 15–18 Uhr (Mi nachmittags, So geschl.), Juli–Mitte Sept. 9–13, 15.30–18.30 Uhr (So nachmittags geschl.);
www.provincia.brescia.it
Nebenstelle Gardone: Corso Repubblica 8, 25083 Gardone Riviera;Tel. 0 36 52 03 47;
E-Mail: iat.gardoneriviera@tiscali.it

Medizinischer Notdienst

Tel. 03 65 43 80 17
Erste Hilfe, Krankenhaus Salò;
Tel. 03 65 29 71 und
118 (ohne Vorwahl)

Taxi

Tel. 0 36 54 35 16

Ziele in der Umgebung

Cisano

⇢ S. 118, A 8

Auf dem Weg nach San Felice passiert man das Dorf Cisano. Die stille, urtümliche Ortschaft liegt rund 500 m hoch über dem See.
4 km südl. von Salò

Essen und Trinken

Cantina de la Mirleta

In Cisano befindet sich ein echter Geheimtipp für Pilzliebhaber. Treppen aus rosa Marmor führen zur überdachten Terrasse des Restaurants mit Riesengrill oder in den ehemaligen Weinkeller; Lugana- und Chiaretto-Wein fließen direkt vom Fass.
Via dei Lauri 1; Tel. 0 36 54 16 29;
Mi geschl. (nur im Winter) ●●● CREDIT

Fasano del Garda

⇢ S. 118, B 7

Einen Besuch wert ist der 1,5 km nördlich gelegene Ortsteil von Gardone, ein ruhiger, eleganter Erholungsort mit Villen inmitten der üppigen Vegetation. Während der faschistischen Regierung, d. h. der so genannten »Republik von Salò« 1943 bis

Die steil abfallenden Felsen am Westufer gewähren einen herrlichen Blick auf den See.

1945, war auch die deutsche Botschaft hier ansässig. Ein schönes Beispiel der Belle-Époque-Architektur – aber leider nur von außen zu besichtigen – ist die Villa Zanardelli (19. Jh.).
6 km nordöstl. von Salò

HOTELS/ANDERE UNTERKÜNFTE

Grand Hotel Fasano
Traditionshotel, einst Jagdsitz des österreichischen Kaiserhauses.
Corso Zantelli 190;
Tel. 03 65 29 02 20, Fax 03 65 29 02 21;
www.grand-hotel-fasano.it; 116 Betten
●●●● CREDIT

Villa del Sogno
8 Traumhaft ist diese romantische Villa der Jahrhundertwende in herrlicher, zum See hin abfallender Lage.
Viale Zanardelli 107;
Tel. 03 65 29 01 81, Fax 03 65 29 02 30;
www.villadelsogno.it; 62 Betten ●●●●
CREDIT (nur kleine Hunde)

Gardone Riviera

⇢ S. 118, B 7

Ludwig Wimmer, ein deutscher Italienliebhaber, hat Gardone als Erster jenseits der Alpen bekannt gemacht. Im Jahre 1888 ließ er hier für seine Landsleute das imposante Grand Hotel mit 400 Zimmern erbauen, das heutige Grand Hotel Gardone. Seitdem zieht dieser noble Bade- und Kurort Besucher aus vielen Ländern an. Doch seinen Ruhm hat Gardone vor allem dem Dichter Gabriele d'Annunzio (1863–1938) zu verdanken, der sich hier mit dem Vittoriale ein monumentales Denkmal setzte.
4,5 km nordöstl. von Salò

HOTELS/ANDERE UNTERKÜNFTE

Grand Hotel Gardone
Gardones traditionelles Nobelhotel.
Via Zanardelli 84; Tel. 0 36 52 02 61,
Fax 0 36 52 26 95; www.grangardone.it;
321 Betten ●●●● CREDIT (nur kleine Hunde)

Ville Montefiori
Das Hotel besteht aus drei Villen.
Via dei Lauri 8, Morgnaga;
Tel. 03 65 29 02 35, Fax 0 36 52 14 88;
www.hotelvillemontefiori.it; 47 Betten
●●●● CREDIT

SEHENSWERTES

Fondazione André Heller
Der Arzt Arthur Hruska legte 1910 einen paradiesisch anmutenden botanischen Garten an. Hier blühen und gedeihen über 2000 verschiedene Pflanzenarten aus dem Alpen- und Tropengebiet. Jetzt ist der österreichische Entertainer André Heller Besitzer von Garten und Villa.
Via Roma 2; Tel. 0 3 36 41 08 77;
www.hellergarden.com; März–Okt. tgl.
9–19 Uhr; Eintritt 8 €

Villa Alba
Wer im Stadtpark spazieren geht, werfe einen Blick auf die Villa Alba. Dieses klassizistische Palais wurde für einen Besuch Kaiser Franz Josephs errichtet, der jedoch nicht dazu kam, dort zu verweilen. Jetzt ist es zum Kongresszentrum umfunktioniert.

Vittoriale degli Italiani

⇢ S. 118, A 7

Gabriele d'Annunzios »Siegesdenkmal der Italiener«, ein riesiger Gebäudekomplex in einem traumhaften Park, vereinigt Monstrositäten mit antiquarischen Kostbarkeiten. 9
Da ist ein Torpedo-Boot und der Bug des Schlachtkreuzers »Puglia« aufgestellt, mit dem er an den Kämpfen um Fiume teilgenommen hat. Oder der uralte Fiat, mit dem er in kriegerischer Mission unterwegs war, und das Flugzeug, von dem der Dichter im Ersten Weltkrieg über Wien Flugblätter abgeworfen hat. Wer sich ein eigenes Bild von dieser schillernden Persönlichkeit machen will, sollte das Vittoriale nicht auslassen. Seit 2000 gibt es hier auch ein »Kriegsmuseum« mit persönlichen Erinnerungsstücken d'Annunzios.

Via Vittoriale; Tel. 03 65 29 65 11 und 03 65 29 65 23; www.vittoriale.it; Ostern–30. Sept. tgl. 9–20, im Winter bis 17 Uhr; die Privatgemächer des Dichters können tgl. außer Mo nur mit Führung besichtigt werden; Eintritt 16€, nur für Museum und Garten 7€

ESSEN UND TRINKEN

Casino
Im ehemaligen Casino ist ein Restaurant mit perfektem Service eingerichtet.
An der Kreuzung zum Vittoriale; Tel. 0 36 52 03 87; tgl. 12–14, 19.30–22 Uhr, Mo geschl. ●●● CREDIT

Isola del Garda → S. 118, B 8

Die größte und schönste unter den sieben Gardasee-Inseln ist fast 1 km lang, 60 m breit und unter der Wasseroberfläche mit der Halbinsel San Fermo verbunden. In ihrer ganzen Pracht kann man sie allerdings nur vom Boot aus bewundern, da sie sich samt ihrem venezianisch-neogotischen Schloss im Privatbesitz des Fürsten Borghese-Cavazza befindet.

Die Vergangenheit der Insel ist u. a. mit Kaiser Karl dem Großen verknüpft – der sie im 9. Jh. den Mönchen von San Zeno in Verona schenkte – und mit dem hl. Franz von Assisi, der hier 1220 ein Kloster bauen ließ.
17 km westl. von Salò; www.isoladelgarda.com

Manerba del Garda

→ S. 120, C 9

Bis San Felice erstrecken sich die feinen Kiesstrände dieses belebten Touristenortes südlich von Salò. Von den Ruinen der Burg von Manerba bietet sich ein prachtvoller Blick auf die Inseln Conigli und Garda. Bei klarem Wetter sieht man bis zur Punta San Vigilio an der Ostküste hinüber. Herrliche Spaziergänge in wilder Natur bietet die Umgebung des so genannten **Sasso** (Stein), eines Felsplateaus unterhalb der Rocca. Festes Schuhwerk mitnehmen und das Auto in Pisenze oder San Giorgio parken.
10 km südl. von Salò; www.manerbadelgarda.com

ESSEN UND TRINKEN

Capriccio
Wer gern Fisch isst, sollte hier unbedingt einkehren und speisen.
In Montinelle, unterhalb des Alpini-Denkmals, Piazza San Bernardo 6; Tel. 03 65 55 11 24; www.ristorantecapriccio.it; tgl. 12–14, 19–22 Uhr, Di geschl. ●●● CREDIT

MERIAN-Tipp

8 Villa Fiordaliso (Kornblumen-Villa)

Die rosafarbene Nobelvilla in Gardone beherbergte einst Claretta Petacci, Mussolinis Geliebte. Heute ist hier ein Spitzenlokal mit vier aparten Esszimmerchen untergebracht. An lauen Sommerabenden tafelt man direkt am Wasser. Die Fischspezialitäten sind auserlesen. In den obersten Stockwerken gibt es »for the happy few«: sieben Schlafzimmer.

Gardone Riviera;
Tel. 0 36 52 01 58, Fax 03 65 29 00 11; www.villafiordaliso.it; Mo und Di mittags geschl.; 14 Betten ●●●●

→ S. 118, B 7

Moniga del Garda

→ S. 120, B 9

Der Ort mit malerischem Hafen liegt im Valtènesi-Weinbaugebiet (→ S. 84), umrahmt von Olivenbäumen. Ungewöhnlich ist der Innenhof des viereckigen Kastells aus dem 14. Jh.: Innerhalb dieser schützenden Mauern hat sich im Laufe der Zeit ein Mini-Dörflein entwickelt.
14 km südl. von Salò

Zu den Kuriositäten, die den Besucher im Vittoriale degli Italiani (→ S. 82) bei Gardone Riviera erwarten, gehört auch der Bug des Schlachtschiffs »Puglia«.

San Felice del Benaco

→ S. 118, A 8

Der Ort mit den engen Gassen liegt am Fuße der Halbinsel San Fermo. Sehenswert ist die Wallfahrtskirche **Madonna del Carmine** (Wegweiser »Santuario«), etwas außerhalb gelegen. Sie hält für jeden und für – fast – jedes Anliegen den »passenden« Heiligen bereit, der um Schutz und Trost gebeten wird. Die zahlreichen, teils sehr gut erhaltenen Fresken kündigen die Wende von der Spätgotik zur Frührenaissance (15./16. Jh.) an. Die Kirche ist täglich von Sonnenauf- bis Sonnenuntergang geöffnet.

6,5 km südl. von Salò

San Michele

→ S. 118, A/B 7

Eine grüne Hochebene (440 m) eröffnet sich hinter Gardone, zu erreichen in zehn Autominuten über die Vittoriale-Straße von Gardone oder zu Fuß in einer Stunde. Zurück geht es über das Dorf **Serniga** (nur mit dem Auto) mit spektakulärem Weitblick über den See. Für Unermüdliche: Von San Michele sind es zur Pirlo-Hütte auf dem Monte Spino, 1486 m hoch gelegen, etwa 3,5 Std. Fußmarsch.

8 km von Salò

Valténesi

→ S. 120, A/B 9

Die Landschaft, die sich südlich von Salò bis nach Desenzano erstreckt, nennt sich Valténesi. Entstanden ist die reizvolle Hügellandschaft in der Eiszeit durch den von Gletschern mitgeführten Gesteinsschutt, der sich zu Moränenhügeln auftürmte. Das sanfte Hügelland mit seinen kleinen und größeren Dörfern ist von Weingärten und Olivenhainen durchzogen. Sehr gute Weine werden hier produziert, die unter der Bezeichnung »Garda Classico« zusammengefasst sind. Von hoher Qualität ist auch das hier erzeugte Olivenöl. Die fruchtbare Gegend bringt außerdem noch eine weitere Spezialität hervor: vorzügliche Trüffel. Der Ausflug ins Hinterland empfiehlt sich auch für Spaziergänger.

10 km südl. von Salò

Toscolano-Maderno

7000 Einwohner ⇢ S. 118, B/C 7
Stadtplan → S. 85

Toscolano-Maderno liegt auf einer Halbinsel an der Mündung des Toscolano-Flüsschens, das die beiden Ortsteile der Gemeinde voneinander trennt. Äußerst günstig ist die geografische Lage: Es liegt genau in der Mitte des Westufers zwischen den Nobelorten Fasano und Gardone im Süden und den urigen Dörfern Bogliaco und Gargnano im Norden. Besonders älteren Gästen bietet der eher beschauliche Ort einen angenehmen Aufenthalt; aber auch Familien kommen gerne hierher – viele mit ihren Zelten. Toscolano-Maderno ist den Touristen aus dem Ausland weniger bekannt als viele andere Orte am Gardasee. Im Mittelalter dagegen reichte sein Ruf weit über die Alpen hinaus. Toscolano war seit dem 14. Jh. Zentrum der Papierindustrie und belieferte sogar den türkischen Sultan mit kostbarstem Büttenpapier. Erst vor einem halben Jahrhundert hat man die Papiermühlen endgültig stillgelegt.

MERIAN-Tipp

9 Lago di Valvéstino und Lago d'Idro

Ein lohnender Abstecher ist der fjordartige Stausee von Valvéstino, 14 km von Gargnano entfernt. Um ihn zu erreichen, fahren Sie landeinwärts über den Ort Navazzo. Wenn Sie 20 km weiter bis zum Idro-See weiterfahren möchten, passieren Sie das grüne Valvéstino-Tal und die Bergdörfer Vico/Zumiè und Capovalle. Es erwartet Sie eine steile, enge, kurvenreiche Straße und eine schöne Berglandschaft. → S. 118, A/B 5–6

Hotels/andere Unterkünfte

Maderno → S. 85, b 4
Das Hotel liegt an der Gardesana, mit kleinem Palmengarten, Swimmingpool und Tischtennis.
Via Statale 12; Tel. 03 65 64 10 70, Fax 03 65 64 42 77; www.hotelmaderno.it; 60 Betten ●●●● CREDIT

Golfo → S. 85, a 4
Stimmungsvolles Hotel mit teils freskenverzierten Wänden und Belle-Époque-Ambiente. Zentrale Lage und direkte Nähe zum See.
Via Aquilani 1; Tel. 03 65 64 12 40, Fax 03 65 54 71 82; www.hotelgolfo.it; 49 Betten ●●● CREDIT

Milano → S. 85, b 4
Das Hotel liegt direkt vor der Schiffsanlegestelle mit Blick auf den Golf.
Lungolago Zanardelli 12; Tel. 03 65 54 05 95, Fax 03 65 64 12 23; www.hotelmilanomaderno.com; 56 Betten ●●● CREDIT

Splendid → S. 85, b 4
An der Uferpromenade gelegen, mit Seeblick, Garten und Parkplatz.
Lungolago Zanardelli 28; Tel. 03 65 64 12 22, Fax 03 65 54 08 75; www.splendidmaderno.it; 56 Betten ●● CREDIT

Spaziergang

Der Spaziergang führt in das **Valle delle Cartiere**, das »Tal der Papiermühlen«. Ausgangspunkt ist der Largo Matteotti, an der Ecke Via Statale (Staatsstraße). Man geht landeinwärts die untere Straße links von der Mauer entlang und entdeckt einige Meter weiter bereits die erste alte Papiermühle – seit über 40 Jahren außer Betrieb. Hinter einem kurzen Straßentunnel stürzt ein hoher Wasserfall in den Wildbach hinab. Nach einem zweiten Tunnel führt der Schotterweg rechts an hohen Felsen und links an weiteren drei Papiermühlen-Ruinen am Toscolano vorbei.

Die Natur ist wild und unberührt – man fühlt sich wie in einer anderen Welt. Schließlich gelangt man zur Brücke im Flecken **Gaino**, unter der die Angler geduldig auf die nächste Forelle warten. Der Spaziergang dauert etwa eine Stunde.

Sehenswertes

Orto Botanico Ghirardi → S. 85, b 2
Seit 1999 fürs Publikum geöffnet: Der 10 000 qm große botanische Garten zeigt den Besuchern seltene Pflanzen und Heilkräutern mediterraner und tropischer Herkunft.
Via Religione 25; Besichtigung nach telefonischer Voranmeldung unter Tel. 03 65 64 12 46

Palazzo Gonzaga → S. 85, a 4
Die ehemalige Sommerresidenz der Herzöge von Mantua wurde 1606 im Ortskern von Maderno erbaut. Über 50 Jahre später kam, auf Wunsch des Herzogs Carlo Gonzaga, am Serraglio-Hügel die so genannte »Palazzina« hinzu. Ein unterirdischer Gang verband beide Häuser miteinander, so dass man unbemerkt die berüchtigte Palazzina erreichen konnte. Damaligen Chroniken zufolge sollen hier wilde Orgien stattgefunden haben.
Via Benamati 20 (nur von außen zu sehen, Achtung: bissige Hunde); Gärten: Mo–Sa 8–13.30, Sa 14.30–19.30 Uhr

Sant' Andrea → S. 85, a 4
Eine der schönsten Kirchen der lombardischen Romanik (1130–1150). Sehenswert sind vor allem die Relieffassade mit einem säulenreichen, ziselierten Portal und ein, leider stark verblichenes, Fresko im Tympanon. Schöne Fresken im Inneren.
Piazza S. Marco in Maderno; tgl. 9–19.30 Uhr (falls geschl., wenden Sie sich an das Pfarrhaus)

Santi Pietro e Paolo → S. 85, b 1
Diese Renaissancekirche (1584) sollte man auch von innen sehen, vor allem die 22 Gemälde des Andrea Celesti (1637–1712) und seiner Schüler. Der aus Venedig stammende, vom Dogen verbannte Künstler wurde hier zum »Hofmaler des Gardasees«.
Piazza della Cartiera in Toscolano; Mai–Sept. tgl. 8–18.30 Uhr, sonst nur So 8–12 Uhr

Villa Nonii-Arii → S. 85, b 1
Die sehenswerten Fundamente einer römischen Badevilla mit Fragmenten eines schwarz-weißen Mosaikfußbodens befinden sich auf einer kleinen Spielwiese für Kinder, etwa 20 m zur Rechten von der Kirche Santi Pietro e Paolo entfernt.

Essen und Trinken

Al Muretto → S. 85, a 4
Das Veranda- und Terrassenrestaurant direkt am Wasser bietet exquisite Fischspezialitäten. An Wochenendabenden auch Pianobar.
Via Roma 25; Tel. 03 65 64 11 31; im Sommer tgl. 12–16, 18–24 Uhr ●● CREDIT

Rustichel → S. 85, südl. a 4
Rustikales Terrassenrestaurant und Pizzeria mit wunderschönem Ausblick auf den Golf von Maderno.
In Maclino, oberhalb von Maderno; Tel. 03 65 64 26 10; tgl. 12–14.30, 19–22.30 Uhr, 10. Jan.–10. Feb. geschl., Mo geschl. außer Aug. ●● CREDIT

Vecchia Padella → S. 85, b 4
Hier regt die »bruschetta« aus hausgemachtem Brot mit frischen Tomaten den Appetit an. Und es gibt noch viele weitere Köstlichkeiten.
Via Statale/Via F. Bianchi; Tel. 03 65 64 10 42; tgl. 11.30–13.30 und 19–22.30 Uhr ●● CREDIT

Einkaufen

Markttag → S. 85, b 2
Jeden Donnerstag findet von 8–13 Uhr in der Viale Marconi und in der Via Fermi in Toscolano ein Markt statt.

An der Gardesana-Straße in Bogliaco beeindruckt die Gloriette der Villa Bettoni (→ S. 88).

Prachtvoll ist die seeseitige Fassade der Villa Bettoni in Bogliaco.

Trödelmarkt → S. 85, a 4
Jede Menge Kurioses und ein Trubel wie auf einem Volksfest. Mi ab 9 Uhr bis abends.
Piazza San Marco

Am Abend

Angolo del Caffè → S. 85, a 4
In den Sommermonaten halten sich hier abends mit Vorliebe die Jüngeren bei Jazz- und Swingmusik auf – live gespielt, versteht sich.
Piazza S. Marco

Caffè Centrale → S. 85, a 4
Fröhlicher Trubel herrscht auf der Piazza im Juli und August, wenn ein Sänger-Duo von 21–23 Uhr abends musiziert. (Änderungen vorbehalten!)
Piazzetta S. Andrea (vor der Kirche)

Service

Auskunft
Ufficio Informazioni e Accoglienza Turistica (IAT) → S. 85, b 3
Via Sacerdoti 1,
25088 Toscolano-Maderno;
Tel. und Fax 03 65 64 13 30;
www.provincia.brescia.it;
1. Juli–30. Sept. Mo–So 9–12.30 und 15–18.30 Uhr, Okt.–Juni Mo–Sa 9–12.30 und 14.15–18 Uhr

Autofähre
Von Maderno nach Torri del Benaco am östlichen Seeufer und zurück; ganzjährig; Info IAT; tgl. im 40-/90-Min.-Takt

Medizinischer Notdienst
Tel. 0 36 57 11 14

Taxi
Tel. 03 65 64 13 03

Ziele in der Umgebung

Bogliaco → S. 118, C 6

Abgesehen vom Golfplatz beeindruckt in diesem noch nicht so überlaufenen Ort zwischen Toscolano-Maderno und Gargnano vor allem die prachtvolle, statuenreiche **Villa Bettoni** (18. Jh.). Sie ist allerdings in Privatbesitz und daher nur von außen zu besichtigen. Am schönsten ist die Fassade am See, vom kleinen Hafen aus gesehen (ganz links). Hinter der Villa quer über die Straße findet sich eine elegante restaurierte Treppenanlage mit kleinem Brunnen und Marmorstatuen in den Nischen, die man durch das schmiedeeiserne Gitter bewundern kann. Bogliaco ist auch für Segelfreunde interessant: Einige der eigens für die »Centomiglia«-Regatta gebauten Segelboote (→ Feste und Events, S. 24) sind meist im Hafen zu sehen.
7 km nordöstl. von Toscolano-Maderno;
Golf Bogliaco: Via Golf 21;
www.golfbogliaco.com

Gargnano → S. 118, C 6

Gargnano ist ein malerisches, verwinkeltes Fischerdorf am Berghang, umgeben von Zitrusplantagen. An wenig erfreuliche Ereignisse erinnern die in die Häuserfassaden gemauerten

Kanonenkugeln am Hafen an der Piazza Feltrinelli: 1866 wurde Gargnano während des italienischen Risorgimento (Einigungsbewegung) von den Österreichern beschossen.

Im neoklassizistischen **Palazzo Feltrinelli** waren von September 1943 bis April 1945 die Ministerien der faschistischen »Republik von Salò« zu Hause. Heute ist er Sommersitz der Universität Mailand. Hier finden im Juli und August Kurse für Ausländer zur »italienischen Sprache« und »Landeskultur« statt. 1 km weiter in Richtung Limone, direkt am See, befindet sich die gleichnamige Villa, in den letzten zwei Kriegsjahren Mussolinis Hauptquartier, heutzutage in **die** Luxusherberge am Gardasee schlechthin umfunktioniert.

8 km nordöstl. von Toscolano-Maderno

Hotels/andere Unterkünfte

Grand Hotel a Villa Feltrinelli

Die neugotische Herrschaftsvilla liegt direkt am See; vier kleine Dependencen sind eingebettet im Grünen. Das prachtvolle Interieur zeigt Liebe zum Detail. Das hat auch seinen (Zimmer-) Preis: ab 700 € (Nebensaison) bis 3000 € (Hochsaison).

Via Rimembranza 38–40;
Tel. 0 36 79 80 00, Fax 03 65 79 80 01;
www.villafeltrinelli.com; 40 Betten
●●●● CREDIT ♿

Palazzina

Angenehme Unterkunft im Ortsteil Villa, über einem alten Zitrusgewächshaus gebaut, mit Swimmingpool.

Ortsteil Villa; Tel. 0 36 57 11 18,
Fax 0 36 57 15 28; www.hotelpalazzina.it;
45 Betten ●●● CREDIT

Villa Giulia

Eine ruhige Villa direkt am See gelegen, mit großem Swimmingpool, Olivenbäumen und schönen, nostalgisch eingerichteten Zimmern.

Viale Rimembranza 20;
Tel. 0 36 57 10 22, Fax 0 36 57 27 74
www.villagiulia.it; 20 Betten ●●●

Sehenswertes

San Francesco

Wunderschön ist der spitzbogige Kreuzgang rechts neben Kirche und Kloster San Francesco, 1289 erbaut. Im Volksmund heißt er der »Stein-Zitronengarten«: In die Kapitelle sind Zitronen und Orangen eingemeißelt.

Am Ortseingang rechter Hand;
Ende Juli–Ende Aug. tgl. 10–13 und 15–20 Uhr, sonst 9–18 Uhr

Essen und Trinken

Baia d'Oro

Der Restaurantbesitzer und Maler Giambattista Terzi hat hier seine Bilder ausgestellt. Er vermietet auch Zimmer.

Via Donatori di Sangue 13;
Tel. 0 36 57 11 71; Mo–Fr 19.30–21 Uhr, Sa, So 11.30–2 Uhr, Di geschl. ●●● CREDIT

La Tortuga

→ MERIAN-Tipp, S. 17

Einkaufen

Mercato dell'Antiquariato

Dieser Antiquitätenmarkt ist im hübschen Kreuzgang der Kirche San Francesco von Gargnano untergebracht.

Ende Juli–Ende Aug. tgl. 10–13 und 15–20, sonst 9–18 Uhr

Malerisch: der Blick über Gargnano auf den See und den Monte Baldo.

Limone

→ S. 116, c 4

Knapp 1000 Einwohner
Stadtplan → S. 91

Wenn man Limone mit dem Auto ansteuert, fallen gleich die terrassenförmig an den Berghängen angelegten Bauten mit hohen Pfeilern auf. Das sind die berühmten **Zitronengärten** Limones, die »Wahrzeichen« dieses hübschen, alten Dorfes. Von den vielen »limonaie« kann man heute wieder zwei seit 1985 voll funktionierende »Exemplare« in all ihrer Pracht bewundern: Eines liegt neben dem Hotel Pergola (Dépendence), das andere bei »Al Prà«, an der Uferstraße zwischen zwei Tunnels in Richtung Süden, knapp 2 km rechts vor Porto di Tignale. Beide sind abends schön beleuchtet.

Limone ist ein uriges Dörflein am Fuße des schroffen Berges Dosso dei Roveri, südlich von Riva. In diesem in der Nebensaison kaum bewohnten malerischen Fleckchen tummeln sich in den Sommermonaten bis zu 10 000 Touristen am Tag. Die meist gut ausgestatteten Hotels von Limone arbeiten hauptsächlich mit Reiseveranstaltern zusammen.

Hotels/andere Unterkünfte

Capo Reamol → S. 91, nordöstl. c 2
Abgelegenes renoviertes Hotel am See – hier weht der stärkste Wind der Gegend. Ideal für geübte Surfer (Starkwindkurs!). Swimmingpool, Garten, bewachter Parkplatz.
Via 4 Novembre 92, 2 km nördl. von Limone; Tel. 03 65 95 40 40, Fax 03 65 95 42 62; www.hotelcaporeamol.it; 83 Betten ●●●● CREDIT

Du Lac → S. 91, südwestl. a 1
Gepflegtes Hotel direkt am Strand mit großem Swimmingpool, Garten und Parkplatz. Hübsche Zimmer mit See- oder Gartenblick.
Via Fasse 1; Tel. 03 65 95 44 81, Fax 03 65 95 42 58; www.limone.com/dulac; 192 Betten ●●●● CREDIT

Ideal → S. 91, südwestl. a 1
Familienhotel mit vielen Stammgästen. Drei Tennisplätze, ein Hallen- und zwei Freibäder, Sauna und Solarium.
Via 4 Novembre 32; Tel. 03 65 95 42 31, Fax 03 65 95 42 69; www.hotelideal.net; 343 Betten ●●●● CREDIT

Leonardo da Vinci → S. 91, südwestl. a 1
Mit eigenem Strand, drei Swimmingpools für Erwachsene, zwei Schwimmbäder für Kinder. Animation am Abend, Disco im Keller.
Via 4 Novembre 3; Tel. 03 65 95 43 51, Fax 03 65 95 44 32; www.parchotels.it; 314 Betten ●●●● CREDIT

Park Hotel Imperial → S. 91, westl. a 1
Neben je zwei Luxushotels in Sirmione und Gardone und einem in Gargnano ist dies das einzige Fünf-Sterne-Hotel am Gardasee. Die Zimmer sind mit jeglichem Komfort ausgestattet. Es gibt zwei geheizte Swimmingpools, Hallen- und Dampfbad, Whirlpool und Tennisplatz. Besonders geeignet für alle Gestressten, die sich hier im Gesundheitszentrum »Tao« regenerieren können.
Via Tamas 10 ; Tel. 03 65 95 45 91, Fax 03 65 95 43 82; www.parkhotelimperial.com; 100 Betten ●●●● CREDIT

Lido → S. 91, südwestl. a 1
Eine schlichte, ruhige motelähnliche Herberge mit kleinem Privatstrand und Swimmingpool.
Via 4 Novembre 36; Tel. 03 65 95 45 74/75, Fax 03 65 95 46 59; www.lidohotel.com; 52 Betten ●●● CREDIT

Villa Romantica → S. 91, c 2
Ruhiges renoviertes Hotel direkt am See. Swimmingpool im ehemaligen Zitronengarten.
Via Nova 22; Tel 03 65 91 41 00, Fax 03 65 91 40 97; www.gardalake.it/villaromantica; 44 Betten ●●● CREDIT

Villa Margherita → S. 91, westl. a 1
Renoviertes ruhiges Hotel garni im Olivenhain am Hügelhang.
Via Tamas; Tel. 03 65 95 41 49, Fax 03 65 91 37 12; 18 Betten ●●

Spaziergang

Von der Piazza Garibaldi aus erreicht man über den idyllischen alten Hafen die Via Nova. Etwa 10 m weiter steigt man links eine mit Blumentöpfen gesäumte Treppe hoch und kommt zur Kirche **San Rocco.** Von dort genießt man einen schönen Ausblick auf Limone. Wieder der Via Nova folgend, sieht man wild wachsende Kapernsträucher an hohen Mauern herabhängen. Ein paar Schritte weiter befindet man sich im ehemaligen Gebiet der »limonaie«, der hohen **Zitronengewächshäuser.** Zur Rechten sieht man aus nächster Nähe die Ruinen einer uralten »limonaia«. Nach dem Steg über den Bach Se senkt sich der Weg leicht und führt am See entlang zum Hotel Italia. Man folgt links einer sanft ansteigenden Straße, die einem über den Bach Sopino bringt. An einer Abzweigung nimmt man links die asphaltierte Straße bis zur Gardesana-Uferstraße, überquert sie und geht den schmalen Weg mit dem Schild Appartamenti La Limonaia hinauf. Nach 50 m geht es wieder links ab; zur Linken sieht man einen hohen Wasserfall, der in den Sturzbach Sopino mündet. Der Spaziergang dauert ca. 45 Minuten.

Sehenswertes

San Benedetto → S. 91, a 1
Die Pfarrkirche von Limone, 1685 erbaut, beherbergt sehr schöne Gemälde von Andrea Celesti (18. Jh.), u. a. die Hl. Drei Könige (rechts vom Altar).
Via Comboni; nur So 8–18 Uhr

San Pietro in Oliveto → S. 91, nordwestl. a 1
Inmitten eines Olivenhains liegt diese verlassene romanische Kapelle.
Am Berghang von Limone, in Richtung Tremósine (nur von außen zu sehen)

San Rocco → S. 91, b 1
Die Kirche aus dem 14. Jh. hat dekorative Fresken in der Apsis und rund um den Altar. Hinter dem Altar befindet sich das Fresko eines unbekannten Meisters, das den heiligen Rocco darstellt. Falls geschlossen, wenden Sie sich auf halber Treppenhöhe an Signor Fava, den Wächter.
Oberhalb des Hafens

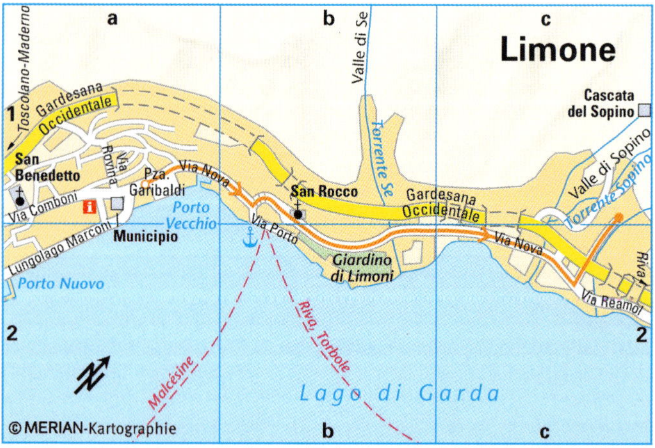

Dem Ortspatron Vittorio Olcese wird im »Baumwolldörfchen« Campione del Garda ein ehrendes Andenken bewahrt.

Essen und Trinken

Gemma → S. 91, a 1
Ein Genuss sind hier Cannelloni und Lasagne. Direkt am See gelegen, mit Blick auf die Zitronengewächshäuser.
Piazza Garibaldi 10; Tel. 03 65 95 40 14; tgl. 8.30–24.30 Uhr CREDIT

Osteria Livio → S 91, westl. a 1
Empfehlenswert ist die Osteria für Familien, denn hier können Eltern in Ruhe essen: Ihre Kinder finden gleich nebenan – im Olivenhain – eine Spielwiese.
Via Tovo; Tel. 03 65 95 42 03; tgl. 12–15 und 18–22.30 Uhr, Mo geschl. CREDIT

Le Palme → S. 91, a/b 1
Terrassenrestaurant auf dem Wasser, mit herrlichem Ausblick auf das Hafenstädtchen. Gepflegt und vornehm.
Via Porto 36; Tel. 03 65 95 46 81; tgl. 11.30–14.30, 18.30–21.30 Uhr CREDIT

Al Torcol → S. 91, a 1
Man isst Pizza und »grigliata mista« (Mixed Grill) im Garten und schaut in Richtung See auf fünf Tennisplätze.
Via 4 Novembre 44; Tel. 03 65 95 41 69; tgl. 9–19.30 Uhr, Mo geschl.

Bar Porto → S. 91, a 1
Hier ist alles wie vor 40 Jahren. Man sitzt direkt am Wasser mit Blick auf den benachbarten kleinen Hafen.
Via Porto 11

Pasticceria Piva → S. 91, a 1
Ein schmaler Weg führt steil und schnurstracks zur Piazzetta hinauf. Man genießt hier köstlichen Obst- oder Sahnekuchen.
Via Cortili 12; tgl. 8.30–23 Uhr

Einkaufen

Cooperativa agricola → S. 91, östl. a 1
Eine Fundgrube ist diese Kooperative vor allem für gutes einheimisches Olivenöl, Honig und Kapern.
Via Campaldo 10; Führungen Ostern–Okt. Mo–Fr 15.30–18.30 Uhr mit Kostproben

Free Sport – Sport Line → S. 91, a 1
Dieses gut sortierte Sportgeschäft bietet führende Markenartikel.
Via Comboni 30

Markttag → S. 91, a 2
Jeden ersten und dritten Di des Monats werden von 8 bis 13 Uhr an der Seepromenade Lederwaren und Kleidung verkauft.

Raffi Moda → S. 91, b 2
Hier gibt es signierte Jeans- und Casual-Mode, u. a. von Valentino und Coveri.
Piazza De Gasperi, schräg gegenüber dem öffentlichen Parkplatz am See

Am Abend

Enoteca Gato Borracho → S. 91, a 1
Einladende Weinstube für Nachteulen, mit Degustation. Jeden Donnerstag Livemusik.
Via Caldogno, I/I; Tel. 03 65 91 40 10

Jacky Bar → S. 91, westl. a 2
Von der Terrasse am Lungolago genießt man bei einem Drink den Blick auf die Flaneure, mit dem See als malerischem Hintergrund.
Gegenüber vom neuen Hafen; Mi geschl.

SERVICE

Auskunft

Ufficio Informazioni e Accoglienza Turistica (IAT)

Das Informationsbüro von Limone ist nach Toscolano-Maderno umgezogen:
Via Sacerdoti 1;
Tel. und Fax 03 65 64 13 30;
Öffnungszeiten: → IAT S. 88;
www.provincia.brescia.it

Medizinischer Notdienst für Touristen

Tel. 03 65 95 45 16

Seefahrten

Tgl. Motorboote nach Riva, Malcésine und Sirmione.
Taxi Boat Navitur »Peroni«
Tel. 03 65 95 42 10;
»Limone Jet« Tel. 03 65 95 47 02

Ziele in der Umgebung

Campione del Garda

→ S. 119, E 5

Das 250-Seelen-Dorf lebt von der Baumwollweberei und ist im Besitz einer großen Weberei. Heute zieht dieses schlichte Dorf außerdem Segler und Surfer an, die abseits vom Rummel unter sich sein wollen.
6 km südl. von Limone

Madonna di Monte Castello

→ S. 119, D 5

Diese Wallfahrtskirche (691m) bietet einen der spektakulärsten Weitblicke auf den Gardasee und die gegenüberliegende Baldo-Bergkette. Man erreicht sie über die Gardesana-Straße in südlicher Richtung. Vor dem ersten Tunnel Richtung Gargnano führt eine Straße rechts nach Gardola bis zur Hochebene von Tignale hinauf. Von dort aus gelangt man in fünf Autominuten zur Kirche (das letzte Straßenstück mit einer Steigung von 25 % ist eng). Bemerkenswert sind in der Kirche die »Krönung der hl. Maria«, ein Fresko aus der Schule Giottos, und die vier ovalen Kupfertafeln von Palma il Giovane (16. Jh.).
10 km von Limone; 19. März–31. Okt.
tgl. 9–18 Uhr, sonst geschl.

Tremósine

→ S. 116, C 4

Tremósine ist eine Gemeinde von 17 Dörfern (mit durchschnittlich 100 Einwohnern pro Ortschaft) auf 2000 m Höhe am Berghang südwestlich von Limone gelegen. **Pieve** ist mit seinen engen Gassen und den vielen Blumen auf den Balkonen vielleicht das hübscheste alte Dörflein. Man erreicht es über die Gardesana-Straße, zweigt in Richtung Tremósine rechts in eine kühne Bergstraße ab, die sich in Serpentinen die Steilwände hinaufwindet.
12 km von Limone

HOTELS/ANDERE UNTERKÜNFTE

Piccola Italia

Studio-Apartments, Suiten und Komfort-Ferienvillen.
Via di Mezzema, Pieve;
Tel. 03 65 91 81 41, Fax 03 65 91 81 70;
www.piccola-italia.it; 85 Betten ●●●●
CREDIT ♿

MERIAN-Tipp

10 Hotel Paradiso

In diesem Hotel lohnt eine Übernachtung schon allein wegen des spektakulären Ausblicks auf die steil abfallenden Felsen und den See, der einem schier den Atem stocken lässt. Darüber hinaus bietet das Haus alles, was man sich für einen gelungenen Urlaub wünscht.
Tremósine, Pieve;
Tel. und Fax 03 65 95 30 12;
www.terrazzadelbrivido.it; 50 Betten
●●● CREDIT 🐕 → S. 116, C 4

Routen und Touren

Besonders spektakulär ist die 44 Kilometer lange Westuferstraße zwischen Riva und Gargnano: 70 Tunnels wurden hier von 3000 Bergarbeitern kühn in den Fels gehauen.

Wanderungen über eine der Hochebenen, mit dem Mountainbike einen Gipfel erklimmen, mit dem Auto die spektakuläre Westuferstraße entlang – Möglichkeiten für Ausflüge gibt es viele.

Über das Hochplateau von Tremósine – Landidylle und schroffe Felswände

Charakteristik: Dieser Ausflug führt Sie über das Hochplateau von Tremósine und zeigt Ihnen das Hinterland des Gardasees; **Länge:** 40 km; **Dauer:** Tagestour; **Einkehrmöglichkeiten:** Ristorante Miralago, Pieve; Tel. 03 65 95 30 01; www.miralago.it; **Karte:** ⇢ S. 118/119, C/D 5–6; S. 116, B/C 4

Kurz hinter **Gargnano** in Richtung Limone geht es los: Auf der westlichen Gardesana-Straße fährt man zunächst durch eine Reihe von Tunnels, die teilweise zur Seeseite hin offen sind und prachtvolle Ausblicke auf steile, in den See abstürzende Felswände bieten.

Gardola ⇢ Tignale

Bald zweigt, mit einer jähen Linkskurve, die engere, aber gut asphaltierte Straße von der Gardesana ab, die über **Gardola** zur Hochebene von Tignale hinaufführt. Tignale liegt rund 500 m hoch und bietet eine bezaubernde Aussicht. Von den Hügeln der Brescianer Voralpen hat man einen herrlichen Blick auf terrassenförmig abfallende Felsenriffe. Von dort aus erreicht man in fünf Autominuten die auf einem steil abfallenden Felsvorsprung hoch über dem See gelegene Wallfahrtskirche Madonna di Castello. Wenn Sie die recht enge Auffahrt geschafft haben und auf dieser steil abfallenden Straße (25 %) heil wieder unten angekommen sind, biegen Sie gleich rechts in die Landstraße in Richtung **Sermerio** ab.

Sermerio ⇢ Pieve

Die Landschaft erinnert an die Schweiz: Ab und zu tauchen Gehöfte auf, im Sommer stapeln die Bauern das Heu in duftenden Haufen zum Trocknen auf.

Erst in Sermerio kommt der Gardasee wieder zum Vorschein und rückt immer näher, je weiter die Straße durch die hügelige Landschaft über **Pregasio** nach **Pieve** bergab führt.

Der blumengeschmückte Ort Pieve lädt zum Rasten ein. Suchen Sie hier zu Fuß das etwas versteckte Terrassenrestaurant **Miralago** (Wegweiser) auf. Der Blick wird Ihnen fast den Atem verschlagen: Sie stehen auf einer »Schauderterrasse« – aus fast 350 m Tiefe starren Ihnen senkrecht emporragende Felswände zu beiden Seiten drohend entgegen! 10

Im Restaurant »Miralago« in Pieve speist der Gast hoch über dem Gardasee.

An Pfahlbauten vorbei zu jahrhunderte-alten Buchen – Rund um den Ledro-See

Charakteristik: Auf den Spuren der bronzezeitlichen Bevölkerung führt Sie dieser Ausflug an Pfahlbauten vorbei zu jahrhundertealten Buchen; **Länge:** 21 km; **Dauer:** Tagesausflug; **Einkehrmöglichkeiten:** Schutzhütte Rifugio al Faggio, Valle di Ledro; Tel. 04 64 59 11 00; www.hotelalfaggio.com; **Karte:** ⇢ S. 98

Blick auf den 650 m hoch gelegenen Ledro-See und die umgebenden Berghänge.

Achten Sie gleich bei der südwestlichen Ortsausfahrt aus Riva darauf, nicht die Gardesana einzuschlagen, sondern die SS 240 in Richtung **Val di Ledro** zu nehmen. Diese verläuft auf einer kurzen Strecke parallel zur westlichen Gardesana und führt gleich am Anfang durch einen längeren Tunnel. In der Nähe des Wasserfalls, mit dem das Flüsschen Ponale in den Gardasee stürzt, macht die Straße eine Haarnadelkurve und windet sich dann in Serpentinen immer höher, um oberhalb der Ponale-Schlucht in das nach Westen sich hinziehende **Ledro-Tal** einzumünden. Man fährt auf der 1851 unter den Österreichern erbauten Sperone-Straße an den Dörfern **Biacesa** und **Prè** vorbei. Sie ist heute gut asphaltiert und erreicht bei **Molina di Ledro** den Ledro-See. Malerisch ist der Blick auf den mit weißen Segeln gesprenkelten Wasserspiegel, der das Grün der umliegenden Berghänge reflektiert. Es lohnt sich, zum Ufer zu fahren und den Spuren der bronzezeitlichen Bevölkerung zu folgen.

Molina di Ledro ⇢ Piero die Ledro
Knapp 3 km lang ist der See. Man fährt an seinem Nordufer, über **Mezzolago**, bis Pieve di Ledro an der Westspitze weiter. In den letzten Jahren erlebte der Ledro-See einen großen Aufschwung (Auskunft: Consorzio

Pro Loco, Via Nuova 9, 38060 Pieve di Ledro, Tel. 04 64 59 12 22. Der Naturfreund kann dort eine detaillierte Wanderkarte der Ledro-Alpen erwerben).

Es geht noch 1 km weiter in westlicher Richtung bis zum Dorf **Bezzecca** und dann von dort, an der Kirche vorbei, nach Norden, um bei Locca das stille Concei-Tal des Baches Assàt zu erreichen. 5 km sind es noch – über **Enguiso** und **Lenzumo** – bis zum nur »Schutzhütte« genannten Hotel und Restaurant Rifugio al Faggio. Die über 100 Jahre alte riesige Buche (»faggio«) steht dahinter. Das Rifugio ist ein Geheimtipp für Feriengäste, die Ruhe wie auch erlesene Kochkunst suchen. Zwischen Tannenwäldern und Haselnussgesträuch führt der gerade Schotterweg dorthin, auf 1000 m Höhe. Kurz nach dem Rifugio, bei der Glera-Brücke über dem Bach, hört die Fahrstraße auf, und ein steiler Saumpfad mit der Markierungsnummer 414 bietet sich zur Wanderung in der herrlichen Bergluft Richtung Talende an.

Anfangs ist der Pfad in den Felsen gehauen und führt an einem Wasserfall vorbei, dann weiter hinauf zur Alm Malga Guì (1444 m). Von dort geht es in westlicher Richtung bis zu der Stelle, wo sich die Wanderwege 414, 414/b und 452 in der Nähe der Lumar-Hütte (1531 m) treffen. Sie können Nr. 414 bis zum Pass Bocca dell' Ussol (1879 m) und weiter, rechter Hand, Nr. 455 bis zum Gaverdina-Gipfel (2047 m) folgen, wenn Ihre Zeit und Kraft ausreicht. Wenn nicht, nehmen Sie den Pfad 414/b, der im Lumar-Tal, in südöstlicher Richtung, auf dem kürzesten Weg zum Rifugio al Faggio zurückführt.

Wanderungen auf dem Monte Baldo – Im »Botanischen Garten Europas«

Charakteristik: Der Monte Baldo lockt mit herrlichen Wanderwegen für Freizeitwanderer und Bergprofis; **Dauer:** Je nach Tour: Ein- bis Zweieinhalbtagestour; **Einkehrmöglichkeiten:** Hütten Monte Altissimo (Tel. 04 64 86 71 30) oder Telégrafo (Tel. 04 57 72 17 97); **Karte:** → S. 119, E/F 5/6

Das 35 km lang gestreckte Bergmassiv an der Ostseite des Gardasees, oberhalb von Malcésine, wird seiner reichen Alpenflora wegen als »Botanischer Garten Europas« bezeichnet.

Höhenweg zum Monte Maggiore

Besonders schön ist der Höhenweg 651 zum Gipfel Punta del Telégrafo (2200 m) des Monte Maggiore, von dem aus man an klaren Tagen die Kulisse der Brenta-Dolomiten vor Augen hat. Für diese Wanderung sollte man etwa vier Stunden hin und so viel auch zurück rechnen.

Via delle Creste

Sehr eindrucksvoll ist der Wanderweg Via delle Creste, vom CAI (italienischer Alpenverein) markiert, der nur für geübte Wanderer empfehlenswert. Der Weg ist nur im Sommer sowie im Spätsommer, vom 20. Juni bis zum 10. Oktober, begehbar und in zweieinhalb Tagen zu bewältigen, wenn man in den Hütten Monte Altissimo und Telégrafo übernachtet.

Panoramaweg

Wer in Seenähe bleiben möchte, der spaziert die von Olivenbäumen gesäumte Strada Panoramica in Malcésine entlang bis zur Mittelstation San Michele (552 m). Auf dem Rückweg kann man in **Passo Campiano** rechts in den nördlichen Teil der Panoramastraße, die sich bis Malcésine hinunterwindet, abbiegen.

Wichtig: eine gute Wanderkarte und einen Pullover mitnehmen. Die Temperaturen können gegen Abend bis zu 15 Grad niedriger sein als unten am See. Empfehlenswert ist die Anschaffung der detaillierten Wanderkarte der Alpinistenvereine (Maßstab 1:25 000), der eine deutschsprachige Beschreibung der Wanderwege beigefügt ist. Auf 38 Seiten sind rund 60 Wanderwege mit Hinweisen auf Schwierigkeitsstufen und Gehzeiten beschrieben (Herausgeber: die Sparkasse von Verona, Vicenza, Belluno und Ancona; Preis 8 €).

Blick vom Monte Baldo nach Nordwesten bis zum Adamello-Massiv.

Wissenswertes über den Gardasee

Segeln vor grandioser Bergkulisse: Der beliebte Ferienort Torbole (→ S. 41) am Nordufer des Gardasees verbindet Aktivurlaub mit Naturerlebnis.

Von A(nreise) bis Z(oll). Mit genauer Klimatabelle, Geschichte auf einen Blick, Internetadressen, Verkehrsverbindungen und vielen anderen nützlichen Infos.

Jahreszahlen und Fakten im Überblick

Bronzezeit
Bereits um 2000 v.Chr. waren die Gebiete um den Gardasee besiedelt.

191 v. Chr.
Oberitalien wird zur römischen Provinz Gallia Cisalpina.

89 v. Chr.
Verona erhält die Rechte einer römischen Kolonie.

59–49 v. Chr.
Caius Julius Caesar ist Statthalter von Gallia Cisalpina. Verona entwickelt sich als bedeutender Kreuzungspunkt der römischen Nachschubstraßen Via Gallica und Via Claudia Augusta.

Um 15 v. Chr.
Römische Legionen besiegen unter dem Oberbefehl von Drusus und Tiberius den rätischen Stamm der Tulliassi am Monte Baldo, im Gebiet von Torri (damals Tulles).

395 n. Chr.
Infolge der Teilung des Römischen Reiches gehört nun Norditalien zu Westrom. Ab 404 ist Ravenna die Hauptstadt.

403
Nach Einfällen der Vandalen während der Völkerwanderungszeit belagern die Westgoten unter Alarich die Stadt Verona.

452
Attilas Hunnen verwüsten Verona.

476
Ende des Weströmischen Reichs. Der germanische Söldnerführer Odoaker nennt sich »König von Italien« und verlegt seinen Sitz nach Ravenna. 493 entmachtet ihn der Ostgotenkönig Theoderich der Große.

553
Zerstörung des Ostgotenreichs durch Belisar und Narses, Feldherren des Kaisers Justinian.

568–774
Langobarden in Oberitalien.

773/774
Karl der Große besiegt das Langobardenreich. Sein Sohn Pippin wird »König von Italien«. Er gründet die Mark Verona (Gardasee gehört dazu).

904
König Berengar I. hält sich in Torri am Gardasee auf. Um sich vor den Einfällen der in der Po-Ebene auf Raubzügen bis Vercelli vorgestoßenen Ungarn zu schützen, hatte er die Festung in Pai wieder herstellen und in Torri die teils noch sichtbaren Stadtmauern errichten lassen.

950
Berengar II. wird zum König gekrönt. Auf der Burg von Garda hält er Adelheid, die Witwe seines Vorgängers Lothar, gefangen. Ihr gelingt mithilfe eines Mönchs die Flucht; 952 heiratet sie den deutschen König Otto I. Dieser besiegt Berengar II., wird vom Papst zum Kaiser gekrönt und herrscht über das »Reichsitalien«. Er teilt Verona samt Gardasee Bayern zu.

1004
Heinrich II. verleiht dem Bischof von Trient eine Grafschaftsgewalt, einschließlich Riva.

1162
Gründung der »Veroneser Liga« unter Teilnahme der Gardasee-Orte gegen die Machtansprüche des Kaisers Friedrich Barbarossa. Vereinigt mit dem »Lombardischen Bund« siegt sie 1176 bei Legnano.

1260–1387
Blütezeit Veronas und des Gardaseegebiets unter Herrschaft des kaisertreuen Geschlechts der Scaliger.

1387–1405
Die Mailänder Visconti reißen Verona und den Gardasee an sich.

1405
Venedig erobert Verona und das Gardaseegebiet.

1439
Sieg der venezianischen Armee gegen die Visconti, dank eines Flottentransportes von der Adria nach Torbole.

1521
Venedig muss Riva an Trient abtreten.

1796
Napoleon erobert Lombardei und Veneto.

1797
Frieden von Campoformio: Ende der venezianischen Herrschaft. Das westliche Gardasee-Ufer fällt an die von Napoleon gegründete »Cisalpinische Republik«, das Ostufer und Verona erhält Österreich.

1805
Napoleon gewinnt die neuen Besitzungen Österreichs für seine »Republik Italien« zurück. Trentino und Südtirol gehen an Bayern.

1814/1815
Nach Napoleons Sturz teilt der Wiener Kongress Lombardei und Venetien – damit auch das Gardaseegebiet – wiederum Österreich zu.

1848–1870
Zeit des italienischen »Risorgimento«, der Einigungsbewegung. Österreich muss 1866 Lombardei und Venetien – nicht aber Trentino samt Riva – dem 1861 neu gegründeten Königreich Italien überlassen.

1919
Österreich verliert im Frieden von Saint-Germain Südtirol, Trentino, das nördliche Gardaseegebiet an Italien.

1943–1945
»Republik von Salò«: erbitterte Kämpfe am Gardasee zwischen Partisanen und Faschisten.

1946
Italien wird Republik.

1970
Bildung der italienischen Regionen. Nun gehört das Veroneser Ufer des Gardasees zum Veneto, das Brescianer Ufer zur Lombardei und die Nordspitze des Sees zum Trentino.

1994
Nachdem Italien nach Kriegsende 52 Regierungen unter christdemokratischer Allianz verschlissen hat, bringen Neuwahlen mit der Regierung des Medienbosses Silvio Berlusconi eine Wende nach Mitte-Rechts.

2000/2001
Das Ausscheren von Bossis Lega aus der Regierungskoalition führt zu Neuwahlen. Darauf folgen drei verschiedene Mitte-Links-Regierungen, bis aus den Wahlen von 2001 Silvio Berlusconis Mitte-Rechts-Koalition als Sieger hervorgeht.

2003
Hunderttausende demonstrieren gegen geplante Rentenkürzungen und die Haltung der Berlusconi-Regierung im Irak-Krieg.

2006
Bei den Parlamentswahlen erringt die Mitte-Links-Koalition die Mehrheit, Regierungschef wird Romano Prodi.

2008
Im Mai geht Silvia Berlusconi als Sieger aus den Wahlen hervor und wird erneut Ministerpräsident.

Nie wieder sprachlos

Wichtige Wörter

ja	*sì [sí]*
nein	*no [nó]*
danke	*grazie [grázie]*
Wie bitte?	*prego, come? [prégo, kóme]*
Ich verstehe nicht.	*non capisco [non kapísko]*
Entschuldigung	*scusa, scusi [skúsa, skúsi]*
Hallo	*ciao [tscháo]*
Guten Morgen/ Guten Tag	*buon giorno [buón dschórno]*
Guten Abend	*buona sera [buóna séra]*
Auf Wiedersehen	*arrivederci [arriwedértschi]*
Ich heiße ...	*mi chiamo ... [mi kiámo]*
Ich komme aus ...	*(io) vengo da ... [(ío) wéngo da]*
– Deutschland.	*– Germania. [dschermánia]*
– Österreich.	*– Austria. [aústria]*
– der Schweiz.	*– Svizzera. [swízzera]*
Wie geht´s?	*Come va? [kóme wá]*
Danke, gut.	*Bene, grazie. [béne, grázie]*
wer, was, welcher	*chi, (che) cosa, quale [kí, (ké) kósa, kuále]*
wann	*quando [kuándo]*
wie viel	*quanto [kuánto]*
wie lange	*per quanto tempo [per kuánto témpo]*
Sprechen Sie deutsch/ englisch?	*Lei parla il tedesco/l'inglese? [léi párla il tedesko/l'inglése]*
heute	*oggi [ódschi]*
morgen	*domani [dománi]*
gestern	*ieri [iéri]*

Zahlen

eins	*uno [úno]*
zwei	*due [dúe]*
drei	*tre [tré]*
vier	*quattro [kuáttro]*
fünf	*cinque [tschínkue]*
sechs	*sei [séi]*
sieben	*sette [sétte]*
acht	*otto [ótto]*
neun	*nove [nówe]*
zehn	*dieci [diétschi]*
einhundert	*cento [tschénto]*
eintausend	*mille [míIle]*

Wochentage

Montag	*lunedì [lunedí]*
Dienstag	*martedì [martedí]*
Mittwoch	*mercoledì [merkoledí]*
Donnerstag	*giovedì [dschiowedí]*
Freitag	*venerdì [wenerdí]*
Samstag	*sabato [sábbato]*
Sonntag	*domenica [doménika]*

Unterwegs

rechts	*destra [déstra]*
links	*sinistra [sinístra]*
geradeaus	*diritto [dirítto]*
Wie weit ist es nach ...?	*Quanto è distante ...? [kuánto é distánte]*
Wie kommt man nach ...?	*Come si arriva a ...? [kóme si arríwa a]*
Wo ist ...	*Dove è ... [dowe é]*
– die nächste Werkstatt?	*– l'officina più vicina? [l'offitschína piú vitschína]*
– der Bahnhof?	*– la stazione? [la stazióne]*
– der Flughafen?	*– l'aeroporto? [l'aeropórto]*
– die Touristeninformation?	*– l'informazione turistica? [l'informazióne turístika]*
– die nächste Bank?	*– la banca più vicina? [la bánka piú witschína]*
– die nächste Tankstelle?	*– il distributore di benzina più vicino? [il distributóre di benzína]*

Bitte voll tanken!	*Pieno per favore! [piéno per fawóre]*
bleifrei	*senza piombo/ benzina verde [sénza piómbo/ benzína wérde]*
Wir hatten einen Unfall.	*Abbiamo avuto un incidente. [abbiámo awúto ún intschi-dénte]*
Wo finde ich ...	*Dovo trovo ... [dówo trówo]*
– einen Arzt?	*un medico? [un médiko]*
– eine Apotheke?	*una farmacia? [una farmatschía]*
Eine Fahrkarte nach ... bitte!	*Per favore, un biglietto per ...! [per fawóre, un biliétto per]*

Übernachten

Ich suche ein Hotel.	*Cerco un albergo. [tschérko un albér-go]*
Ich suche ein Zimmer für ... Personen.	*Cerco una camera per ... persone. [tschérko una ká-mera per ... persó-ne]*
Haben Sie noch Zimmer frei ...	*Lei ha ancora una camera libera ... [léi á ankóra una kámera líbera]*
– für eine Nacht?	*– per una notte? [per una nótte]*
– für zwei Tage?	*– per due giorni? [per due dschiór-ni]*
– für eine Woche?	*– per una setti-mana? [per una settimána]*
Ich habe ein Zimmer reserviert.	*Ho prenotato una camera. [o preno-táto una kámera]*
Wie viel kostet das Zimmer ...	*Quanto costa la camera ... [kuánto kósta la kámera]*
– mit Frühstück?	*– con prima/picco-la colazione? [kon príma/pík-kola kolazióne]*
– mit Halbpension?	*– con mezza pen-sione? [kon mézza pensióne]*
Ich nehme das Zimmer.	*Sì, la prendo. [sí, la préndo]*
Kann ich mit Kreditkarte zahlen?	*Posso pagare con la carta di credito? [pósso pagáre kon la kárta di krédito]*
Ich möchte mich beschweren.	*Devo reclamare. [déwo reklamáre]*
funktioniert nicht	*non funziona [non funzióna]*

Essen und Trinken

Die Speisekarte bitte!	*Il menu, per favore! [il menú, per fawó-re]*
Die Rechnung bitte!	*Il conto, per favore! [Il kónto, per fawó-re]*
Ich hätte gern ...	*Vorrei ... [worréi]*
Auf Ihr Wohl!	*Cincin! [tschintschin]*
Wo finde ich die Toiletten (Damen/ Herren)?	*Dove trovo i gabi-netti (donne/uomi-ni)? [dowe trowo i gabinétti (dónne/ uómini)]*
Kellner/-in	*cameriere/-a [kameriére/-a]*
Frühstück	*prima/piccola cola-zione [príma/píkko-la kolazióne]*
Mittagessen	*pranzo [pránzo]*
Abendessen	*cena [tschéna]*

Einkaufen

Wo gibt es ...?	*Dove è ... [dowe é]*
Haben Sie ...?	*Lei ha ...? [léi á]*
Wie viel kostet ...?	*Quanto costa ...? [kuánto kósta]*
Das ist zu teuer.	*Costa troppo. [kósta tróppo]*
Das gefällt mir/ gefällt mir nicht.	*Questo mi piace/ non mi piace. [quésto mi piát-sche/nón mi piát-sche]*
Ich nehme es.	*Lo prendo. [lo préndo]*
geöffnet/ geschlossen	*aperto/chiuso [apérto/kiúso]*

Die wichtigsten kulinarischen Begriffe

Im Restaurant

Die Speisekarte bitte	La carta (il menu), per favore
Die Rechnung bitte	Il conto, per favore
Ich hätte gern einen Kaffee	Vorrei un caffè
Wo finde ich die Toiletten? (Damen/ Herren)	Dove trovo il bagno? (Signore/Signori)
Kellner	cameriere
Frühstück	prima (piccola) colazione
Mittagessen	colazione (pranzo)
Abendessen	cena

A

acqua: Wasser
– *gassata:* mit Kohlensäure
aglio: Knoblauch
agnolotti: eine Art Ravioli
alborella: kleine Sardinen, die man am Gardasee meist frittiert
anguilla: Aal
arancia: Orange
arrosto: Braten, gebraten
arsella: Muschelart, ähnlich wie Venusmuschel
asparago: Spargel

B

baccalà: Stockfisch
bagna cauda: Ölsauce mit Knoblauch, Gewürzen, in die man Brot oder rohes Gemüse tunkt
bigoli: schwarze Spaghetti aus Vollkornmehl
birra: Bier
– *alla spina:* Bier vom Fass
bistecca: Steak
– *alla pizzaiola:* in Tomaten-Basilikum-Knoblauchsauce
bollito: gekocht
alla brace: auf Holzglut gebraten
branzino: Seebarsch
brasato: Schmorbraten, geschmort
brodetto: Fischsuppe mit Zwiebeln und Tomaten
brodo: Bouillon
busecca: Kuttelsuppe

C

cacciucco: pikante Fischsuppe
caffè (espresso): Espresso
– *corretto:* Espresso mit einem Schuss Schnaps (Grappa)
– *macchiato:* mit einigen Tropfen warmer Milch
cannolo: Teigröllchen gefüllt mit Käse (süß), oft mit Nougat und kandierten Früchten
cape sante: Jakobsmuscheln
cape longhe: Muschelart
capretto: Zicklein
carciofi: Artischocken
alla casalinga: hausgemacht
carpione: Gardasee-Forelle
cece: Kichererbse
cefali: Meeräschen
ciambella: Gebäck
cinghiale: Wildschwein
cipolla: Zwiebel
coda di rospo: Seeteufel
codeghin: Schweinswurst
coniglio: Kaninchen
costata: Entrecôte
– *alla fiorentina:* gegrillt, mit Zitrone und Petersilie serviert
cozze alla marinara: Muscheln in Weißweinsud

D

datteri di mare: Muschelart
dentice: Zahnbrasse

F

fagiolata: Bohnengericht
favata: Kasserole mit Bohnen, Schinken, Wurst
fegato: Leber
– *alla veneziana:* mit Zwiebeln
fettuccine: flache Bandnudeln
finocchio: Fenchel
focaccia: Brot mit Olivenöl, oft belegt mit Zwiebeln oder Tomaten
frittata: Omelett
fritto: frittiert

G

gallina: Henne
gambero: Krebs

I

insalata: Salat
– *mista:* gemischter Salat
– *verde:* grüner Salat
involtini: Fleischrouladen

L

lamponi: Himbeeren
lasagne al forno: überbackenes Nudelgericht
latte: Milch
lattuga: Kopfsalat
lenticchie: Linsen
lepre: Hase
lesso: gekocht
limone: Zitrone
linguine: schmale Bandnudeln
liquore: Likör
litro: Liter
– *un mezzo litro:* halber Liter
– *un quarto litro:* Viertelliter
lumache: Schnecken

M

macedonia di frutta: Obstsalat
maiale: Schwein
manzo: Rindfleisch
alla marinara: Sauce aus Tomaten, Oliven, Knoblauch, Muscheln und Meerestieren
melanzana: Aubergine
merluzzo: Kabeljau
miele: Honig
mille foglie: Torte aus Blätterteigschichten mit Cremefüllung
minestrone: dicke Gemüsesuppe

O

olio: Öl

P

alla paesana: mit Speck, Kartoffeln, Karotten und anderen Wurzelgemüsen
pancetta: Bauchspeck
panettone: leichter Kuchen mit Rosinen und kandierten Früchten
pappardelle: lange, breite Nudeln
pasta e fagioli: Nudeln mit Bohnensuppe
patate: Kartoffeln
pesce: Fisch
– *spada:* Schwertfisch
pesto: Basilikum-, Knoblauch-, Käsesauce mit Pinienkernen und Majoran (zu Nudeln)
pollo: Huhn
polpetta di carne: Fleischbällchen
polpo: Krake
pomodoro: Tomate
porcini: Steinpilze
profiterole: kleine gefüllte Windbeutel
prosciutto: Schinken

R

ricotta: weicher Schafmilchkäse
risi e bisi: Reis und Erbsen, in Hühnerbouillon gekocht
risi co la luganega: Reis mit Wurst
risotto: gekochter Reis mit unterschiedlichen Zutaten

S

salsiccia: würzige Schweinswurst
saltimbocca: Kalbfleisch mit Schinken, Salbei und Weinsauce
sedano: Sellerie
seppie: Tintenfische
scaloppa: Schnitzel
sogliola: Seezunge
sopressa: dicke Bauernsalami
spezzatino: Gulasch
spinaci: Spinat
stoccafino: Stockfisch
stracchino: cremiger, weicher Käse

T

tartufo: Trüffel
tonnato: in Tunfischsauce
tramezzino: weiches Sandwich
trota: Forelle

V

verdura: grünes Gemüse
vino: Wein
– *bianco:* Weißwein
– *rosso:* Rotwein
vitello: Kalbfleisch
vongole: Venusmuscheln

Nützliche Adressen und Reiseservice

Auf einen Blick
Einwohnerzahl: ca. 160 000
Fläche: 370 km²
Umfang: 160 km
Länge: 51,6 km
Breite: 2,4 bis 17,5 km
Tiefe: bis zu 346 m
Verwaltungseinheiten: Das Nordufer gehört zur autonomen Region Trentino, das Ostufer zur Region Veneto und das Westufer zur Region Lombardei.
Größte Orte: Desenzano, Riva, Arco
Religion: 98 % katholisch
Sprache: Italienisch, viele Italiener am Gardasee sprechen oder verstehen zumindest ein wenig Deutsch.

Anreise

Mit dem Auto

Wenn Sie mit dem Auto den Gardasee ansteuern, fahren Sie auf der **Brenner-Autobahn A 22** in Richtung Verona – Modena. Je nachdem, wo Ihr Zielort liegt, können Sie die Ausfahrt bei Mori und dann die **Straße 240** nach Torbole – Riva wählen oder weiter nach Süden fahren, um von der Ausfahrt Affi aus die **Ostküstenstraße 249** (Gardesana) bei Bardolino, Garda oder Torri zu erreichen. Diese führt dann auch nach Lazise und Peschiera weiter. Nach Malcésine kommt man am besten über Torbole.

Wenn Sie auf der Autobahn bleiben, erreichen Sie bald nach der Ausfahrt Verona-Nord die Kreuzung mit der **A 4**, die in Richtung Brescia – Milano nach Peschiera, Sirmione oder Desenzano führt. Ab Desenzano können Sie die **Straße 572** nach Salò nehmen; von dort aus leitet die tunnelreiche westliche Gardesana (**45 b**) nordwärts weiter über Gardone, Toscolano-Maderno, Gargnano, Limone bis nach Riva. Oder Sie benutzen die **Autofähre** zwischen Torri und Maderno, um auf diese Weise von der Ost- zur Westküste zu gelangen oder umgekehrt. Im Sommer fährt sie 15-mal, zwischen 8.20 und 19 Uhr ab Maderno und zwischen 9 und 19.40 ab Torri (Fahrzeit: 30 Minuten). Und wer die Autobahngebühren sparen möchte, mag auch die alte, aber gut asphaltierte **Brennerstraße 12** wählen: Sie verläuft parallel zur Autobahn im Eisack- und Etschtal.

Aus der Schweiz und aus Liechtenstein kann man über Chur im Rheintal zum Kleinen St. Bernhard fahren und von dort über Bellinzona, Lugano, Como, Mailand der **Autobahn** in Richtung **Brescia – Verona** bis zum südlichen Gardasee-Ufer folgen. Dasselbe gilt auch für die Österreicher, die aus Wien lieber den **Autoreisezug** bis zur End- und Grenzstation **Feldkirch** wählen.

Einige Regeln sollten Autofahrer unbedingt beherzigen, damit ihr Gardasee-Urlaub unbeschwert bleibt: Wenn Ihr Hotel keine Garage bzw. keinen Parkplatz hat, parken Sie Ihr Auto nur dort, wo es erlaubt ist (im Notfall fragen Sie die Polizisten auf der Straße; sie sind Ihnen gerne behilflich). In den letzten Jahren sind die **Strafgebühren** empfindlich gestiegen. Benötigen Sie für Ihren Parkplatz einen Parkschein, bekommen Sie diesen in den Kiosken und Tabakläden. Auf diesen Scheinen, die aussehen wie Rubbellose, müssen Sie Ihre Ankunftszeit z. B. mit einer Münze freirubbeln und vorne gut sichtbar ins Auto legen. Für Ausflüge empfiehlt es sich, das Auto auf dem Hotelparkplatz zu lassen und auf öffentliche Busse auszuweichen. Nichts im Auto liegen lassen und auch nicht vergessen, gegebenenfalls die Alarmanlage einzuschalten. Besonders gefährdet sind auffällig neue Luxusschlitten und Sportautos. Für Parkuhren und Toiletten ist es ratsam, stets Münzen vorrätig zu haben.

Zulässige Höchstgeschwindigkeiten für Pkw außerhalb geschlossener Ortschaften sind 90 km/h (mit Anhänger 80 km/h); auf Autobahnen: 130 km/h (100 km/h). Allerdings gilt auf der Brenner-Autobahn A 22 auf weiten Strecken eine Höchstgeschwindigkeit von 110 km/h.

Wenn Sie über Land fahren und das Benzin zur Neige geht, sollten Sie beachten, dass viele Tankstellen außerhalb der Autobahnen während der Mittagszeit geschlossen sind.

Seit April 2004 ist das Mitführen einer Warnweste für Autofahrer vorgeschrieben. Die Weste muss immer angelegt werden, wenn Sie das Fahrzeug außerhalb geschlossener Ortschaften verlassen und sich auf die Fahrbahn begeben. Dies gilt insbesondere für Notfälle wie Unfälle oder Pannen. Es herrscht Anschnallpflicht sowie Lichtpflicht am Tag, wenn Sie mit dem Auto außerhalb geschlossener Ortschaften unterwegs sind.

Mit dem Zug/dem Bus

Aus Deutschland reisen die meisten Gäste über München und den Brenner nach Verona. Aus München ist besonders der bequeme Eurocity-Zug »Garda« zu empfehlen, den man in Rovereto, östlich vom Nordende des Sees, nach viereinhalb Stunden, in Verona, östlich vom Südostende des Sees, nach fünfeinhalb Stunden oder in Desenzano, am Südwestende, nach sechs Stunden verlässt. Es gibt ebenfalls eine Anreisemöglichkeit über Mailand und von dort in Richtung Verona weiter, wobei einige Züge auch in Desenzano oder Peschiera am Gardasee halten.

Vom Bahnhof Rovereto aus gibt es täglich mehrere Busverbindungen nach Torbole und Riva, z. B. die Linie 6 der Gesellschaft »Atesina« (Tel. in Riva: 04 64 55 23 13). In Verona befindet sich die Endstation der blauen Fernbusse (»corriera«) gegenüber dem Bahnhof.

Die Buskarten müssen Sie im Voraus am Schalter im Gebäude der Busstation kaufen; dort sind auch die Fahrpläne erhältlich. Es gibt regelmäßige, häufige Busverbindungen sowohl in Richtung Sirmione (Fahrzeit 1 Stunde) als auch das ganze Ostufer entlang (Fahrzeit bis Endstation Riva: zweieinviertel Stunden). Informationen erhalten Sie bei: APTV, Tel. 04 58 00 41 29.

Entfernungen (in km) zwischen wichtigen Orten am See

	Bardolino	Garda	Lazise	Limone	Malcésine	Riva	Salò	Sirmione	Torbole	Toscolano-Maderno	Verona
Bardolino	–	3	6	60	32	50	47	26	46	51	29
Garda	3	–	9	57	29	47	50	29	43	57	33
Lazise	6	9	–	62	38	56	56	20	52	48	24
Limone	60	57	62	–	28	10	39	69	14	30	90
Malcésine	32	29	38	28	–	18	79	49	14	58	62
Riva	50	47	56	10	18	–	47	67	4	40	80
Salò	47	50	41	39	79	47	–	27	51	7	56
Sirmione	26	29	20	69	49	67	27	–	72	34	35
Torbole	46	43	52	14	14	4	51	72	–	44	76
Toscolano-Maderno	51	57	48	30	58	40	7	34	44	–	76
Verona	29	33	24	90	62	80	56	35	76	76	–

Mit dem Flugzeug

Lufthansa und Air Dolomiti fliegen den Flughafen Valerio Catullo in Verona-Villafranca (www.aeroportoverona.it) an. Vom Flughafen fährt ca. alle 20 Minuten ein Bus zum Hauptbahnhof in Verona. Dort starten dann Busse zum Gardasee. Außerdem gibt es einen Gratis-Bus-Transfer vom Flughafen in Verona an den Gardasee, den man über die gebuchte Unterkunft vorreservieren kann. (Tel. 04 56 20 94 28). Natürlich kann man auch das Taxi nehmen, doch es empfiehlt sich, vorher einen festen Preis auszuhandeln.

Ryanair oder Air Berlin fliegen auch den Flughafen Orio Serio bei Bergamo an (www.orioaeroporto.it). Von dort kommt man mit dem Bus oder Zug an den See. Allerdings ist es ratsam, die kostengünstigen Tickets frühzeitig zu buchen.

Auskunft

Auskünfte, Prospekte und Stadtpläne bekommen Sie bei den Fremdenverkehrsämtern vor Ort, die mit Info-Material bestens ausgerüstet sind, Ihnen bei Fragen gerne weiterhelfen und Sie auch bei der Zimmervermittlung unterstützen. Die örtlichen Fremdenverkehrsämter in Italien heißen **A.P.T.** (**Azienda di Promozione Turistica**). Wenn Sie also an Ihrem Ferienort am Gardasee das Fremdenverkehrsbüro aufsuchen wollen, halten Sie Ausschau nach dem **APT** (ausgesprochen: »apitì«), oder fragen Sie einfach nach dem »ufficio informazioni«. Es kann auch sein, dass das Kürzel **I.A.T. (Informazione Accoglienza Turistica)** wie etwa in Bardolino oder in kleineren Orten wie Gargnano **Pro Loco** über der Eingangstüre steht.

Nebenkosten in Euro
[B] an der Bar, [T] auf der Terrasse

1 Espresso	1–1,80 [B]/2,50 [T]
1 Bier	1,50–3,00 [B]/4,00 [T]
1 Cola	1,00–3,00 [B]/4,00 [T]
1 Brot (ca. 500g)	1,00
1 Schachtel Zigaretten	ab 3,00
1 Liter Benzin	1,27
Fahrt mit Bus (Einzelfahrt)	1,00
Mietwagen/Tag	ab ca. 40,00

Stand: Juni 2008

Italienische Zentrale für Tourismus ENIT

In der Bundesrepublik Deutschland

– Friedrichstr. 187, c/o Kontorhaus Mitte, 10117 Berlin; Tel. 0 30/2 47 83 98, Fax 0 30/2 47 83 99; www.enit.de, E-Mail: enit-berlin@t-online.de

– Neue Mainzer Str. 26, 60311 Frankfurt am Main; Tel. 0 69/23 74 34, Fax 0 69/ 23 28 94; E-Mail: enit.ffm@t-online.de

– Prinzregentenstr. 22, 80538 München Tel. 0 89/53 13 17, Fax 0 89/53 45 27; E-Mail: enit-muenchen@t-online.de

Der Gardasee ist in München mit einem Informationsbüro vertreten: **Casa Veneta, Lindwurmstr. 9, 80337 München; Tel. 089/23702714/5, Fax 089/23702716; casaveneta@aol.com**

In Österreich

Kärntner Ring 4, 1010 Wien; Tel. 01/5 05 16 39, Fax 5 05 02 48; www.enit.at, E-Mail: delegation.wien@enit.at

In der Schweiz

Uraniastr. 32, 8001 Zürich; Tel. 00 41/4 34 66 40 40, Fax 4 34 66 40 41; www.enit.ch, E-Mail: info@enit.ch

Banken

Öffnungszeiten: Mo–Fr 9–13.30 Uhr. Viele öffnen auch nachmittags 14.40–16.15 Uhr.

Buchtipps
Interessante Geschichten über den See und seine Bewohner erzählt Franziska Wolffheim in ihrem Buch **»Gardasee. Wo der Süden beginnt«** (Schöffling & Co. Verlag, 2000).

Spannung pur für einen faulen Tag am See bietet **»Der See des plötzlichen Todes«** von Timothy Holme (DuMont's Kriminalbibliothek, 1995).

Sind Sie kulinarisch auf den Geschmack gekommen? Dann tischen Sie doch auch zu Hause etwas typisch Italienisches auf: **»Die echte italienische Küche«** von Reinhardt Hess und Sabine Sälzer (Gräfe und Unzer, 2002).

Camping
Die meisten Zelte und Bungalows liegen zwischen Garda und Peschiera am Ostufer sowie zwischen San Felice del Benaco und Desenzano an der westlichen Riviera. Der größte ist **Piani di Clodia** bei Lazise (235 000 qm).

Diplomatische Vertretungen
Alle drei für den Gardasee zuständigen Konsulate sind in Mailand:

Konsulat der Bundesrepublik Deutschland
Via Solferino 40; Tel. 0 26 23 11 01;
Mo–Fr 8.30–12 Uhr

Konsulat der Republik Österreich
Piazza del Liberty 8/4;
Tel. 02 78 37 43; Mo–Fr 9–12 Uhr

Konsulat der Schweiz
Via Palestro 2; Tel. 0 27 77 91 61;
Mo–Fr 9–12 Uhr

Feiertage

1. Jan.	Neujahr
6. Jan.	Dreikönigstag
Ostermontag	Pasquetta
25. April	Anniversario della Liberazione (Tag der Befreiung vom Faschismus)
1. Mai	Tag der Arbeit
15. Aug.	Mariä Himmelfahrt
1. Nov.	Allerheiligen
8. Dez.	Unbefleckte Empfängnis
25. und 26. Dez.	Weihnachten

Fernsehen
Deutschsprachige Sender können in den meisten Hotels empfangen werden.

Geld
Offizielles Zahlungsmittel ist der Euro. 1 € entspricht ca. 1,60 CHF. **Kreditkarten** gewinnen zunehmend an Bedeutung; in der Regel können Sie in größeren Restaurants, Hotels und Geschäften damit zahlen, ebenso mit der EC-Karte.

Internet
Die Auskunftsstellen von Limone, Salò, Sirmione, Desenzano und Toscolano-Maderno haben alle dieselbe Internet-Adresse, nämlich die des APT-Zentralbüros in Brescia:
www.provincia.brescia.it
Für Bardolino, Garda, Torri del Benaco und Malcésine gilt:
www.tourism.verona.it
Riva und Torbole:
www.gardatrentino.it
Infos rund um den See gibt es unter **www.gardainforma.com.**
Übernachtungs- und Ausflugstipps: **www.lagodigarda.it** und **www.gardatur.it** informiert über Veranstaltungen, die es am Gardasee rund ums Jahr gibt.

Motorboote
Innerhalb eines 500 m langen Streifens ist die Motorschifffahrt im Uferbereich des Sees untersagt, um Riva und Torbole, sowie in der Nähe von Badestränden sind Motorboote ganz verboten.

Notruf
Der gebührenfreie Notruf ist in allen Städten Italiens gleich: Tel. 1 13.

Post

Öffnungszeiten: Mo–Fr 8.45–13.45 Uhr (am letzten Arbeitstag des Monats: 8.45–12 Uhr), Sa 8.45–11.45 Uhr, So geschl. Briefmarken (»francobolli«) erhält man auch in Tabakläden (»tabacchi«). In den italienischen Postämtern kann man im Allgemeinen nicht telefonieren.

Preisermässigung

Gäste von vertragsgebundenen Hotels und Campingplätzen können bei ihrer Ankunft Kreditkarten erhalten: »Riviera Card« oder »Promotion Card«. Rabatt zwischen 10 und 50% gewähren darauf die an der Aktion beteiligten Vergnügungsparks, Sport- und Seilbahnanlagen, Museen, Geschäfte, Restaurants, auch Fähre und Schiff. Auskunft bei APT und IAT.

Rauchen

Seit Anfang 2005 ist das Rauchen in öffentlichen Lokalen in Italien verboten. Der Besitzer ist gar dazu angehalten, Verstöße zu melden, die dann mit einer dicken Bußstrafe belegt werden. Wer rauchen möchte, sollte dies besser im Freien tun.

Reisedokumente

Für deutsche, österreichische und Schweizer Bürger genügt der Personalausweis oder der Reisepass (bis zu drei Monaten Aufenthalt).

Reiseknigge

Wenn die Touristen spärlich bekleidet in Badelatschen durch die Gassen schleichen, drückt der in allen Situationen gut gekleidete Italiener noch ein Auge zu, doch bein- bzw. schulterfrei oder gar im Badedress sollte man auf keinen Fall eine Kirche besuchen. In den meisten Gotteshäusern sind sogar Schilder mit durchgestrichenen Kleidungsstücken aufgehängt, in einigen kann man sich gegebenenfalls Schultertücher ausleihen. Nackt baden oder sonnen ist im ganzen Land ausdrücklich verboten. »Oben ohne« wird zwar nicht gern gesehen, aber meist toleriert. Das Rauchen ist in öffentlichen Lokalen verboten und wird sogar mit Bußgeldern geahndet (→ Rauchen, S. 112). Wer nicht vom Rauchen lassen kann, muss sich darauf einstellen, mit seiner Zigarette im Freien stehen zu müssen. Dagegen sind die Italiener ausgesprochen liberal, wenn es um Handys geht. Da sie selbst auch immer und überall telefonieren, stört sich niemand am Klingeln eines »cellulare«. Wer im Restaurant sitzt und nur einen kleinen Salat mit Mineralwasser bestellt, wird einen verkniffenen Blick des Kellners ernten, denn im Ristorante wird gewöhnlich schon mindestens eine Vorspeise und ein Hauptgericht geordert. Bei wenig Hunger bestellt man eine »mezza porzione«, eine halbe Portion.

Reisewetter

Am Gardasee herrscht mediterranes Klima. Da der See im Norden durch die Berge geschützt ist, setzt der Frühling sehr zeitig im Jahr ein. April und Mai sind besonders empfehlenswerte Reisemonate, zum einen wegen der angenehmen, nicht zu hohen Temperaturen, zum anderen wegen der unvergleichlichen Blütenpracht zu dieser Zeit. Eine fast konstante Brise sorgt in den Sommermonaten dafür, dass die Hitze nie als drückend empfunden wird. Der Herbst zieht sich bis tief in den Oktober hinein mit meist angenehmen warmen Temperaturen. Von November bis März muss mit Nebel gerechnet werden.

Rundfunk

Von April bis September informiert und unterhält **Radio Europa 23** täglich in deutscher Sprache (auf FM 91,00, 100,1, 107,00 MHz für die Feriengäste in Riva, Arco, Torbole, Malcésine, Limone und FM 103,1 für Urlauber in Limone, Torri, Bardolino, Lazise, Peschiera, Desenzano, Sirmione, Salò).

Ob Opernfestspiel oder Konzert – ein Besuch der Arena in Verona (→ S. 24), vom Ostufer des Gardasees aus in einer halben Stunde erreichbar, ist ein unvergessliches Erlebnis.

Stromspannung

Die meisten Hotels am Gardasee haben 220 Volt. Falls der deutsche Stecker Ihres Föns oder Rasierapparates nicht in die vorhandene Steckdose passen sollte, bitten Sie an der Rezeption Ihres Hotels um einen Adapter (spina di adattamento).

Telefon

Vorwahlen

D, A, CH → I 00 39
I → D 00 49
I → A 00 43
I → CH 00 41

Vorwahlnummer von Bardolino, Garda, Lazise und Malcésine ist 045, von Riva und Torbole 0464, von Sirmione 030, von Limone, Salò und Toscolano-Maderno 0365.

Die örtliche, mit einer Null beginnende Vorwahlnummer muss auch bei Ortsgesprächen und bei Anrufen aus dem Ausland mitgewählt werden.

Telefonzellen oder öffentliche Telefone, z. B. in den meisten Café-Bars und in Geschäften mit dem Hinweis »Telefono Pubblico« (Aufschrift auf einer gelben Wählscheibe) finden sich überall, die entweder mit Zähler (a scatti), Münzen oder Telefonkarten zu benutzen sind.

Handy

Das Handy (ital. »cellulare« oder »telefonino«) funktioniert am Gardasee fast überall, in bergigen Regionen gibt es allerdings noch ein paar Funklöcher. Für den Adapter kann es sein, dass Sie einen Zwischenstecker benötigen. Italienische Nummern, die mit 330, 335, 338, 348, ect. beginnen, sind Handynummern – diese Gespräche können also teuer werden. Wer Handykosten sparen möchte, kann sich eine italienische Prepaid-Karte besorgen, die in jedem Telefonladen erhältlich ist.

Tiere

Seit dem 1. Oktober 2004 brauchen Hunde und Katzen auf Reisen innerhalb der EU einen europäischen Heimtierausweis.

Verkehrsverbindungen

Auto

Für Ausflüge zum gegenüberliegenden Seeufer ist die zeit- und energiesparende **Autofähre** zwischen Torri del Benaco am Ostufer und Maderno am Westufer empfehlenswert. Zwei Autofähren und drei Schnellboote pro Tag fahren neuerdings auch den ganzen See entlang von Riva nach Desenzano – und umgekehrt.

Leihwagen

Ein Auto zu mieten ist in allen größeren Orten problemlos möglich. Es empfiehlt sich aber, wegen der starken Nachfrage rechtzeitig zu reservieren!
Hier einige Adressen:

Avis
Garda; Via Don Gnocchi 17;
Tel. 04 57 25 65 30
Riva: Tel. 04 61 42 02 76

Adventure Sprint
Hier können Sie Ferraris, Jaguare und sogar Oldies leihen.
Sirmione; Tel. 0 30 91 90 00

Fahrräder

Fahrräder – vor allem Mountainbikes – sind am Gardasee die Renner schlechthin (z. B. für »Ochsentouren« auf den Monte Baldo). Wenn Sie es nicht von zu Hause mitgebracht haben, finden Sie ein Zweirad zum Leihen am besten bei:

Carpentari Sport oder 3 S-Bike Scott Tour
Torbole; Tel. 04 64 50 55 00

Incontro-Sport
Limone; Tel. 03 65 95 40 51

Furioli
Malcésine; Tel. 04 57 40 00 89

Busse

Für nicht motorisierte Gardasee-Gäste gibt es selbstverständlich auch öffentliche Busse (»corriera«). Sie sind preiswert, fahren zuverlässig und halten in jeder größeren Ortschaft. Die Busse verkehren in den Sommermonaten regelmäßig zwischen **Riva** und **Peschiera**, und zwar von ca. 7 Uhr morgens bis spätestens 21 Uhr. Die Haltestellen sind: Riva, Torbole, Malcésine, Brenzone, Torri, Garda, Bardolino, Lazise, Gardaland, Peschiera. Die Dauer der Fahrt beträgt maximal zwei Stunden. Die Route am anderen Seeufer führt von **Riva** nach Desenzano (über Limone, Tremósine, Tignale, Gargnano, Toscolano, Gardone, Salò, Manerba, Moniga, Padenghe) und dauert maximal eineinhalb Stunden. Den Fahrplan erhalten Sie beim Informationsbüro (→ Auskunft, S. 110) oder direkt beim Busfahrer. Fahrkarten sind aber an den Haltestellen (oft im Tabakladen) vor dem Busbesteigen zu lösen!

Um einen Opernabend in der Arena von **Verona** zu besuchen, können Sie einen **Bus-Sonderservice** zu den Festspielen benützen (Reise- oder Auskunftsbüro).

Schiffsverbindungen

Außer den Autofähren verkehren auch andere Fährschiffe (»battelli«) sowie Tragflügelboote (»aliscafi«) zwischen 8 und 20 Uhr. Alle halten in den größeren Ferienorten. Außerdem finden regelmäßig Dampfer-Vergnügungsfahrten statt. Der Preis für Erwachsene beträgt 18 €, Kinder zahlen die Hälfte.

Navigarda
Tel. 0 30/9 14 95 11;
www.navigazionelaghi.it

Zoll

Am 1. Januar 1993 sind die Zollkontrollen an den Binnengrenzen der Europäischen Union entfallen. Für Schweizer gelten die üblichen Mengenbeschränkungen. Weitere Auskünfte finden Sie unter www.zoll.de, www.bmf.gv.at/zoll und www.zoll.ch.

Kartenatlas

Orientierung leicht gemacht: mit Planquadraten und allen Orten und Sehenswürdigkeiten.

Legende

Routen und Touren

- Über das Hochplateau von Trémosine (S. 96)
- Pfahlbauten und Buchen (S. 97)

Sehenswürdigkeiten

- MERIAN-TopTen
- MERIAN-Tipp
- Sehenswürdigkeit, öffentl. Gebäude
- Sehenswürdigkeit Kultur
- Sehenswürdigkeit Natur
- Kirche; Kloster
- Schloss, Burg; Ruine
- Museum
- Archäologische Stätte

Verkehr

- Autobahn
- Autobahnähnliche Straße
- Fernverkehrsstraße
- Hauptstraße
- Nebenstraße
- Parkmöglichkeit
- Busbahnhof
- Schiffsanleger
- Flughafen

Sonstiges

- Information
- Theater
- Strand
- Nationalpark

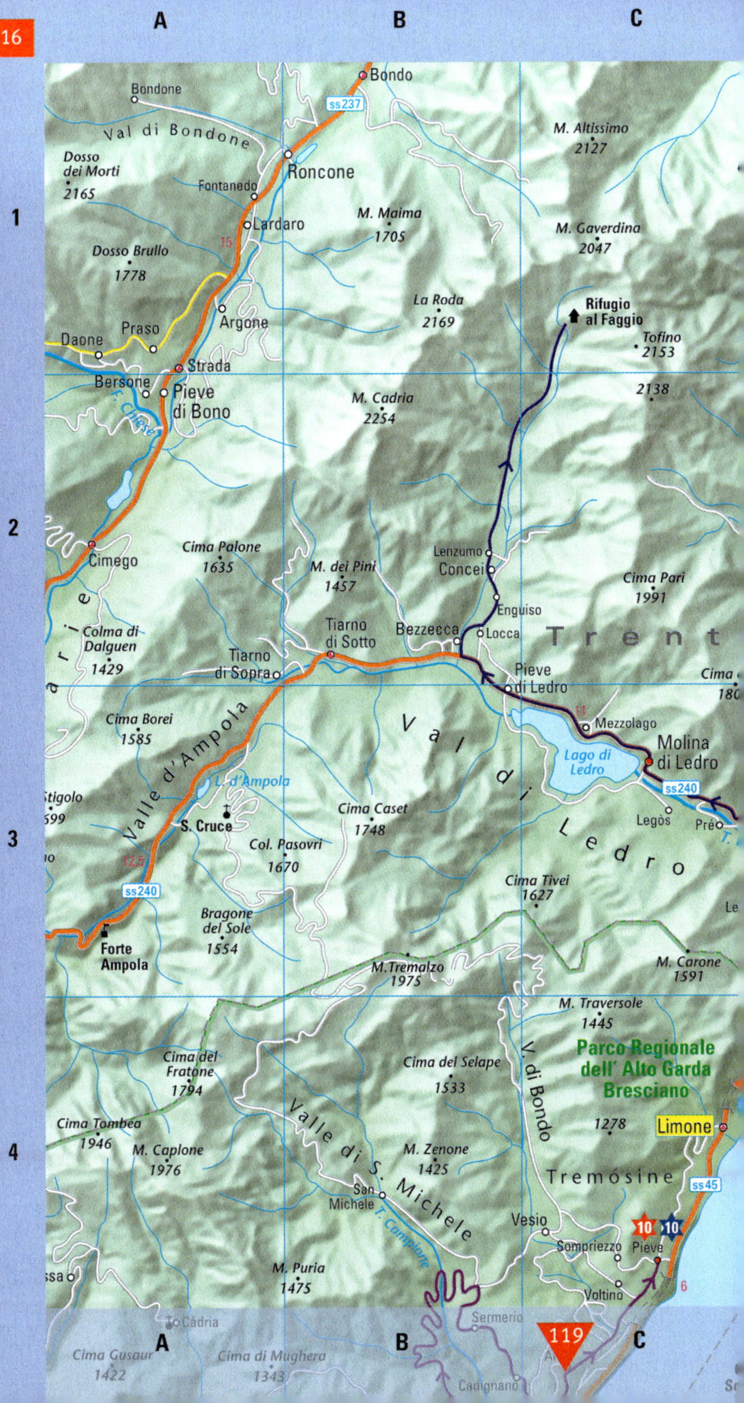
A
B
C
1
2
3
4
Bondo
ss237
Bondone
Val di Bondone
M. Altissimo
2127
Dosso dei Morti
2165
Roncone
Fontanedo
Lardaro
M. Maima
1705
M. Gaverdina
2047
Dosso Brullo
1778
15
La Roda
2169
Rifugio al Faggio
Argone
Tofino
2153
Praso
Daone
Strada
Bersone
Pieve di Bono
F. Chiese
M. Cadria
2254
2138
Cimego
Cima Palone
1635
M. dei Pini
1457
Lenzumo
Concei
Cima Pari
1991
Enguiso
Colma di Dalguen
1429
Tiarno di Sotto
Bezzecca
Locca
Trent
Tiarno di Sopra
Pieve di Ledro
Cima
180
Cima Borei
1585
Valle d'Ampola
Val di Ledro
11
Mezzolago
Molina di Ledro
Lago di Ledro
L. d'Ampola
ss240
Stigolo
599
S. Cruce
Cima Caset
1748
Legòs
Prè
Col. Pasovri
1670
125
Cima Tivei
1627
ss240
Le
Bragone del Sole
1554
Forte Ampola
M. Tremalzo
1975
M. Carone
1591
M. Traversole
1445
Parco Regionale dell' Alto Garda Bresciano
Cima del Fratone
1794
Cima del Selape
1533
V. di Bondo
1278
Limone
Cima Tombea
1946
M. Caplone
1976
Valle di S. Michele
M. Zenone
1425
Tremósine
ss45
San Michele
T. Campione
Vesio
10
10
Sompriezzo
Pieve
M. Puria
1475
Voltino
6
To Cádria
Sermerio
119
Cima Gusaur
1422
Cima di Mughera
1343
Cadignano

D
E
F
1
2
3
4
Fávrio
ss421
Val di Lomasone
Brento
1545
L. di Cavedine
Cavedine
Brusino
Vigo
ss45
S. Giovanni
Drena
F. Sarca
Dro
Bráila
M. Misone
1803
M. Biaina
1413
Tovo
Ceniga
L. di Tenno
M. Ben
706
Palòn
1919
Frapporta
ss421
Deva
Cascata
Varone
Vigne
Chiarano
ARCO
Bolognano
M. Stivo
2045
S. Giorgio
S. Francesco
ss45
RIVA
Rocca
M. Brione
374
Punta Lido
Ronzo-Chienis
M. Biavena
1617
Nago
Pannone
S. Giovanni
Porto S. Niccolò
Castello Penede
Torbole
Manzano
787
Nomesino
Ravazzone
A22, Rovereto
ss45
ss240
ss249
Mori
Loppio
Pregásina
1263
Sano
Dos Remit
1223
Tierno
Lago di Garda (Benaco)
Besagno
M. Varagna
1777
Brentonico
Crosano
M. Altissimo di Nago
2078
M. Campe
1667
Fontechel
Sorne
Corne
Navene
Riserva Nat. Gardesana Orientale
Prada
S. Giacomo
Saccone
ss249
Corna Piana
1735
Bocca di Navene
1425
Polsa
0
3 km
N
Bocca Tratto Spino
1752
S. Michele
© MERIAN-Kartographie

A
B
C
M. Cingla 1669
Magassa
Vesta
Persone
Armo
Cádria
Anfo
M. Stino 1466
Cima Gusaur 1422
Valvestino
Turano
Capovalle
Zumiè
Cantone
Moerna
Lombar
M. Manos 1517
M. Carzèn 1508
Bollone
M. Penni 1073
Costa
Mignone
Cima Ganone 1316
Lago di Valvestino
Valle di Vesta
1395
M. Magno 1045
Cima Cor 1274
Eno
M. Zingla 1497
M. Aberelli 1166
Briano
Degana
Parco Regionale dell' Alto Garda Bresciano
Valle Toscolano
Sasso
Formaga
San Martino
M. Spino 1486
Navazzo
Zuino
Bogliaco
Carvanno
M. Pizzocolo 1582
Rango
M. Castello 869
Forcino
M. Campuccio 1084
M. Pirello 1132
Val
Gaino
ss45
Cecina-Messaga
Vorbano
Selva Alta 908
M. Lavino 907
Toscolano-
Còllio
Maclino
S. Michele
Fasano del Garda
Maderno
ss237
Trescino
Serniga
Vittoriale degli Italiani
Gazzane
S. Bartolomeo
Barbarano
Gardone Riviera
ss45
SALÒ
Isola del Garda
Villa
Portese
S. Fermo
Cunattone
Cisano
San Felice del Benaco
Puegnago del Garda
Raffa
Isola San Biágio
Punta San Vigilio
Mura
Pieve Vecchia
Punta Belvedere
366
Ricedo
ss572
Solarolo
Manerba del Garda
Gardoncino
Porto di Dusano
Soiano
5
6
7
8
120

Sermerio
Arias
Cadignano
Campione d. Garda
Pregàsio
Prabione
Tignale
Madonna di Monte Castello
Aer
Gardola
Oldesio
Piovere
ss45
Muslone
Castello Scaligero
Malcésine
S. Michele
Bocca Tratto Spino 1752
I. d. Olivo
ss249
Riserva Nat. Lastoni Selva Pezzi
I. d. Sogno
Cima d. Pozzette 2128
Cassone
I. d. Trimelone
Assenza
Sommavilla
Borago
Cima Valdritta 2218
Monte Baldo
Porto
Castello
Punta del Telègrafo 2200
M. Maggiore 2199
Magugnano
Orto Botanico
Marniga
Brenzone
Coal Santo 2074
Novezzina
Lago di Garda (Benaco)
Castelletto
Biazza
1804
ss249
Prada
Madonna di Neve
Madonna della Corona
Punta di Naole 1661
Pai
Villanova
Spiazzi
Crero
Cima Sparavero 1152
San Zeno di Montagna
Lumini
Veneto
Preabocco
Trento, Bolzano
M. Belpo 884
Pazzon
Gaòn
Porcino
Albisano
Castion Veronese
Rubiana
Caprino Veronese
Lubiara
Pesina
Boi di Pesina
Dolcè
Marciaga
M. Luppia 418
Ceredello
Valdòneghe
Canale
M. Pastello 1123
Costermano
ss12
Garda
Gazzoli
Eremo di Rocca
Albare
T. Tasso
F. Adige
Ceraino
Rivoli Veronese
Monte
M. Solane 654
Rocca di Garda
M. Moscsi 428
ss249
0 3 km
© MERIAN-Kartographie
Bardolino
Punta Cornicello
Cavaion

120

118

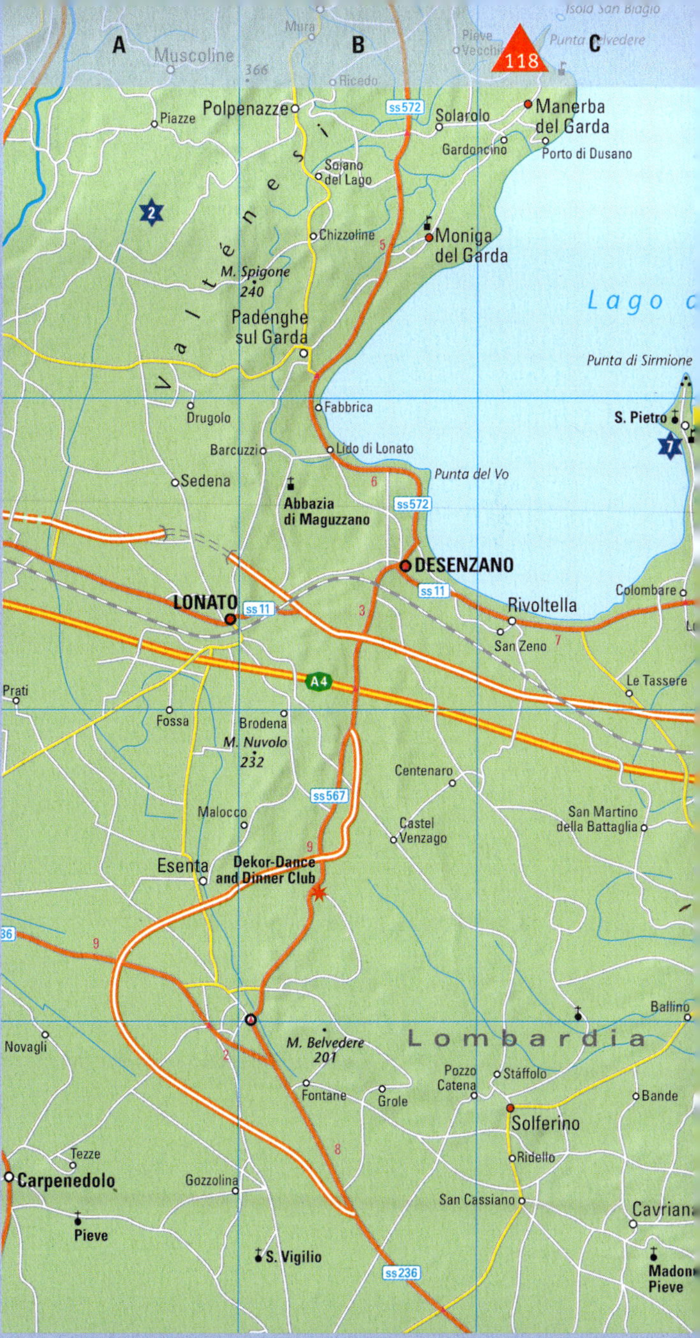

A
B
C
9
10
11
12
Muscoline
Mura
366
Ricedo
Pieve Vecchia
Punta Belvedere
Isola San Biagio
Piazze
Polpenazze
ss572
Solarolo
Manerba del Garda
Gardoncino
Porto di Dusano
Soiano del Lago
V a l t é n e s i
2
Chizzoline
Moniga del Garda
M. Spigone 240
Padenghe sul Garda
Lago
Punta di Sirmione
Fabbrica
Drugolo
S. Pietro
7
Barcuzzi
Lido di Lonato
Sedena
Punta del Vo
Abbazia di Maguzzano
ss572
DESENZANO
LONATO
ss 11
ss 11
Brescia, Milano
Rivoltella
Colombare
San Zeno
A4
Le Tassere
Prati
Fossa
Brodena
M. Nuvolo 232
Centenaro
ss567
San Martino della Battaglia
Malocco
Castel Venzago
Esenta
Dekor-Dance and Dinner Club
Ballino
Novagli
M. Belvedere 201
L o m b a r d i a
Pozzo Catena
Stáffolo
Fontane
Grole
Bande
Solferino
Tezze
Ridello
Carpenedolo
Gozzolina
San Cassiano
Pieve
S. Vigilio
ss236
Madonna Pieve

A

B

C

D
E
F
119
9
10
11
12
Garda (Benaco)
Bardolino
Punta Cornicello
ss249
Rocca di Garda
di Rocca
Albare
Incaffi
Affi
Cavaion Veronese
Cisano
ss450
Calmasino
A22
Madonna di Pergolana
Valesana
Lazise
Piovezzano
di Catullo
one
llo Scaligero
Pastrego
Mantova, Modena, Parma
Aqua Paradise Park, Movieland Studios
Parco Natura Viva
Colà
Pacengo
S. Maria di Lugana
Gardaland
Sandrà
Ronchi
S. Benedetto
Rovizza
ss11
Peschiera del Garda
Cavalcaselle
Castelnuovo del Garda
Lago di Frassino
A4
San Giorgio in Salici
Madonna del Frassino
Ponti sul Mincio
F. Mincio
Verona, Padova, Venezia
Monzambano
M. Vento 181
S. Lucia
Custoza
M. Magmor 192
Castellaro Lagusello
M. Croce 177
Olfino
Parco Reg. del Mincio
F. Tione
Venturelli
Pille
Borghetto
Bezzetti
Ponte Visconti
Valeggio sul Mincio
Ariano
Rosegaferro
0
3 km
N
© MERIAN-Kartographie

A
Abbazia di Maguzzano ★ 120, B10
Abbazia S. Vigilio ★ 120, C11
Aer ❍ 119, D5
Affi ❍ 121, F9
Albare ❍ 119, E8
Albisano ❍ 119, D8
Anfo ❍ 118, A5
Arco ❍ 117, E2
Argone ❍ 116, A1
Ariano ❍ 121, E12
Arìas ❍ 119, E5
Armo ❍ 118, B5
Assenza ❍ 119, E5
Astore ❍ 120, B11

B
Ballino ❍ 117, D1
Ballino ❍ 120, C11
Bande ❍ 120, C12
Barbarano ❍ 118, B7
Barcuzzi ❍ 120, B10
Bardolino ❍ 121, E9
Bersone ❍ 116, A2
Besagno ❍ 117, F4
Bettola ❍ 120, A10
Bezzecca ❍ 116, B2
Bezzetti ❍ 121, D12
Biacesa ❍ 117, D3
Biazza ❍ 119, E6
Bocca di Navene ▲ 117, D4
Bocca Tratto Spino ▲ 119, F5
Bogliaco ❍ 118, C6
Boi di Pesina ❍ 119, E8
Bollone ❍ 118, B5
Bolognano ❍ 117, E2
Bondo ❍ 116, B1
Bondone ❍ 116, A1
Borago ❍ 119, E6
Borghetto ❍ 121, E12
Bragone del Sole ∞ 116, A3
Bráila ❍ 117, F1
Brento ▲ 117, E1
Brentonico ❍ 117, F4
Brenzone ❍ 119, E6
Briano ❍ 118, C6
Brodena ❍ 120, B11
Brusino ❍ 117, F1

C
Cadignano ❍ 119, D5
Cádria ❍ 118, C5
Calmasino ❍ 121, F9
Calvagese ❍ 120, A9
Campagnola ❍ 117, D4
Campione d. Garda ❍ 119, E5
Canale di Tenno ❍ 117, D2
Canale ❍ 119, F8
Cantone ❍ 118, A5
Capovalle ❍ 118, A5
Caprino Veronese ❍ 119, E8
Carpani ❍ 121, D11
Carpenedolo ❍ 120, A12
Carvanno ❍ 118, A6
Carzago d. Riv. ❍ 120, A9
Cassone ❍ 119, E5
Castel Venzago ❍ 120, B11
Castellaro Lagusello ❍ 121, D12
Castelletto ❍ 119, E6
Castello ❍ 119, E6
Castello Penede ★ 117, E3
Castello Scaligero ★ 120, C10
Castelnuovo del Garda ❍ 121, F11
Castiglione delle Stiviere ❍ 120, B11
Castion Veronese ❍ 119, D8
Cavaion Veronese ❍ 121, F9
Cavalcaselle ❍ 121, E11
Cavedine ❍ 117, F1
Cavriana ❍ 120, C12
Cecina-Messaga ❍ 118, C7
Ceniga ❍ 117, E1
Centenaro ❍ 120, B11
Ceraíno ❍ 119, F8
Ceredello ❍ 119, E8
Chiarano ❍ 117, E2
Chizzoline ❍ 120, B9
Cima al Bal ▲ 117, D3
Cima Borei ▲ 116, A3
Cima Caset ▲ 116, B3
Cima Comer ▲ 118, C6
Cima d. Pozzette ▲ 119, F5
Cima d'Oro ▲ 116, C3
Cima del Fratone ▲ 116, A4
Cima del Selape ▲ 116, B4
Cima di Mughera ▲ 118, C5
Cima Ganone ▲ 118, A5
Cima Gusaur ▲ 118, C5
Cima Palone ▲ 116, A2
Cima Pari ▲ 116, C2
Cima Sparavero ▲ 119, E7
Cima Tivei ▲ 116, B3
Cima Tombea ▲ 116, A4
Cima Valdritta ▲ 119, F5
Cimego ❍ 116, A2
Cisano ❍ 118, A8
Cisano ❍ 121, E9
Coal Santo ▲ 119, F6
Cogorna ▲ 116, D1
Cogozzo ❍ 120, A9
Col. Pasovri ▲ 116, A3
Colà ❍ 121, F10
Còllio ❍ 118, A7
Colma di Dalguen ▲ 116, A2
Colombare ❍ 120, C10
Concei ❍ 116, B2
Corna Piana ▲ 117, E4
Corne ❍ 117, F4
Costa ❍ 118, C5
Costermano ❍ 119, E8
Crero ❍ 119, D7
Crosano ❍ 117, F4
Cunattone ❍ 118, A8
Custoza ❍ 121, F12

D
Daone ❍ 116, A1
Desenzano ❍ 120, B10
Deva ❍ 117, D2
Dolcè ❍ 119, F8
Dos Remit ▲ 117, E3
Dosso Brullo ▲ 116, A1
Dosso dei Morti ▲ 116, A1
Drena ❍ 117, F1
Dro ❍ 117, E1
Drugolo ❍ 120, A10

E
Enguiso ❍ 116, B2
Eno ❍ 118, A6
Eremo di Rocca ★ 119, D8
Esenta ❍ 120, A11

F
F. Adige ~ 119, F8
F. Chiese ~ 116, A2
F. Chiese ~ 118, A7
F. Mincio ~ 121, E11
F. Sarca ~ 117, E1
F. Sarca ~ 117, E3
F. Tione ~ 121, F12
Fabbrica ❍ 120, B10
Fasano del Garda ❍ 118, B7
Fávrio ❍ 117, D1
Ferrara di Monte Baldo ❍ 119, F6
Fontane ❍ 120, B12
Fontanedo ❍ 116, A1
Fontechel ❍ 117, F4
Forcino ❍ 118, C6
Formaga ❍ 118, C6
Forte Ampola ★ 116, A3
Fossa ❍ 120, A10
Frapporta ❍ 117, D2

G
Gaino ❍ 118, C7
Gaòn ❍ 119, E7
Garda ❍ 119, D8
Gardaland ★ 121, E10
Gardola ❍ 119, D5
Gardoncino ❍ 120, C9
Gardone Riviera ❍ 118, B7
Gargnano ❍ 118, C6
Gazzane ❍ 118, A7
Gazzoli ❍ 119, E8
Genux ★ 120, B11
Gozzolina ❍ 120, A12
Grole ❍ 120, B12
Grotte di Catullo ★ 120, C9

I
I Prati ❍ 120, A10
Il Mondo ★ 121, E10
Il Montazzo ▲ 121, F11
Incaffi ❍ 121, F9
Isola d. Olivo ∆ 119, E5
Isola d. Sogno ∆ 119, E5
Isola d. Trimelone ∆ 119, E5
Isola di Garda ∆ 118, B8
Isola San Biágio ∆ 118, B8

L
La Rocca ▲ 116, C2
La Roda ▲ 116, B1
Lago d'Ampola ~ 116, A3
Lago d'Idro ~ 118, A5
Lago di Cavedine ~ 117, F1
Lago di Frassino ~ 121, D11
Lago di Ledro ~ 116, C3
Lago di Tenno ~ 117, D2
Lago di Valvestino ~ 118, B5
Lardaro ❍ 116, A1
Lazise ❍ 121, E9
Le Tassere ❍ 120, C10
Leano ❍ 116, C3
Legòs ❍ 116, C3
Lenzumo ❍ 116, B2
Lido di Lonato ❍ 120, B10
Limone ❍ 116, C4
Locca ❍ 116, B2
Lonato ❍ 120, A10
Loppio ❍ 117, F3
Lubiara ❍ 119, F8
Lugana ❍ 121, D10
Lumini ❍ 119, E7

M
M. Aberelli ▲ 118, B6
M. Altissimo di Nago ▲ 117, E4
M. Altissimo ▲ 116, C1
M. Belpo ▲ 119, E7
M. Belvedere ▲ 120, B12
M. Ben ▲ 117, E2
M. Biaina ▲ 117, E1
M. Biavena ▲ 117, F3
M. Brione ▲ 117, E3
M. Cadria ▲ 116, B2
M. Campuccio ▲ 118, A6
M. Caplone ▲ 116, A4
M. Carone ▲ 116, C3
M. Carzèn ▲ 118, B5
M. Castello ▲ 118, C6
M. Croce ▲ 121, D12
M. dei Pini ▲ 116, B2
M. Denervo ▲ 118, C5
M. Gaverdina ▲ 116, C1
M. Guil ▲ 116, C3
M. Lavino ▲ 118, B7
M. Luppia ▲ 119, D8
M. Maggiore ▲ 119, F6
M. Magno ▲ 118, C6
M. Maima ▲ 116, B1
M. Manos ▲ 118, A5
M. Maomor ▲ 121, F12
M. Misone ▲ 117, D1
M. Moscsi ▲ 119, E8
M. Nozzolo ▲ 116, A2
M. Nuvolo ▲ 120, A11
M. Pastello ▲ 119, F8
M. Penni ▲ 118, C5
M. Pirello ▲ 118, B7
M. Pizzocolo ▲ 118, B6
M. Puria ▲ 116, A4
M. Serino ▲ 120, B11
M. Sernifa ▲ 118, C5
M. Spigone ▲ 120, A9
M. Spino ▲ 118, A6
M. Stigolo ▲ 116, A3

M. Stino ▲ 118, A5
M. Stivo ▲ 117, F2
M. Traversole ▲ 116, C4
M. Tremalzo ▲ 116, B3
M. Varagna ▲ 117, E4
M. Vento ▲ 121, E12
M. Vies ▲ 116, B2
M. Zenone ▲ 116, B4
M. Zingla ▲ 118, A6
Macesina ❍ 120, A9
Maclino ❍ 118, B7
Maderno ❍ 118, B7
Madonna del Frassino ★ 121, D11
Madonna della Corona ★ 119, F7
Madonna della Scoperta ★ 120, C11
Madonna di Monte Castello ★ 119, D5
Madonna di Neve ★ 119, F7
Madonna di Pergolana ★ 121, E9
Madonna di Pieve ★ 120, C12
Magassa ❍ 116, A4
Magugnano ❍ 119, E6
Malcésine ❍ 119, F5
Malocco ❍ 120, B11
Manerba del Garda ❍ 120, C9
Manzano ❍ 117, F3
Marciaga ❍ 119, D8
Marniga ❍ 119, E6
Massone ❍ 117, E2
Mezzolago ❍ 116, C3
Mignone ❍ 118, C5
Mocasina ❍ 120, A9
Moerna ❍ 118, B5
Moletta ❍ 117, E2
Molina di Ledro ❍ 116, C3
Moniga del Garda ❍ 120, B9
Monte Baldo ▲ 119, F6
Monte ❍ 119, F8
Monteroseo ❍ 120, A10
Monzambano ❍ 121, E12
Mori ❍ 117, F3
Mura ❍ 118, A8
Muslone ❍ 119, D6

N
Nago ❍ 117, E3
Navazzo ❍ 118, C6
Navene ❍ 117, D4
Nomesino ❍ 117, F3
Novagli ❍ 120, A12
Novezzina ❍ 119, F6

O
Oldesio ❍ 119, D5
Olfino ❍ 121, E12
Oliosi ❍ 121, F11
Orto Botanico ★ 119, F6

P
Pacengo ❍ 121, E10
Padaro ❍ 117, E2
Padenghe sul Garda ❍ 120, B9
Pai ❍ 119, D7
Palò ❍ 116, B2
Palòn ▲ 117, F2
Pannone ❍ 117, F3
Parco Natura Viva ★ 121, F10
Parco Reg. del Mincio ☆ 121, E12
Parco Regionale dell'Alto Garda Bresciano ☆ 116, C4; 118, B6
Pastrego ❍ 121, F10
Pazzon ❍ 119, F7
Persone ❍ 118, B5
Peschiera del Garda ❍ 121, E11
Pesina ❍ 119, E8
Piazze ❍ 120, A9
Pieve di Bono ❍ 116, A2
Pieve di Ledro ❍ 116, B3
Pieve ★ 120, A12
Pieve ❍ 116, C4
Pieve Vecchia ❍ 118, A8
Pille ❍ 121, D12
Piovere ❍ 119, D5
Piovezzano ❍ 121, F9
Polpenazze ❍ 120, B9
Polsa ❍ 117, F4
Ponte Visconteo ★ 121, E12
Ponti sul Mincio ❍ 121, E11
Porcino ❍ 119, F7
Portese ❍ 118, B8
Porto di Dusano ❍ 120, C9
Porto ❍ 119, E6
Pozzo Catena ❍ 120, B12
Pozzolengo ❍ 121, D11
Prabione ❍ 119, D5
Prada ❍ 117, F4
Prada ❍ 119, E7
Pranzo ❍ 117, D2
Praso ❍ 116, A1
Pré ❍ 116, C3
Pregásina ❍ 117, D3
Pregásio ❍ 119, E5
Prezzo ❍ 116, A2
Puegnago del Garda ❍ 118, A8
Punta Belvedere Δ 118, B8
Punta del Vo Δ 120, B10
Punta di Naole ▲ 119, F7
Punta di Sirmione Δ 120, C9
Punta San Vigilio Δ 118, C8

R
Raffa ❍ 118, A8
Rango ❍ 118, A6
Ricedo ❍ 118, A8
Ridello ❍ 120, C12
Rifugioal Faggio ★ 116, C1
Ris. Nat. Gardesana Orientale ☆ 117, E4
Ris. Nat. Lastoni Selva Pezzi ☆ 119, F5
Riva ❍ 117, D3
Rivoli Veronese ❍ 119, F8
Rivoltella ❍ 120, C10
Rocca di Garda ★ 119, D8
Roe-Volciano ❍ 118, A7
Ronchi ❍ 121, E10
Roncone ❍ 116, B1
Ronzo-Chienis ❍ 117, F3
Rosegaferro ❍ 121, F12
Rovizza ❍ 121, D11
Rubiana ❍ 119, E8

S
S. Cruce ★ 116, A3
Saccone ❍ 117, F4
Salionze sul Mincio ❍ 121, E11
Salò ❍ 118, A8
San Bartolomeo ★ 118, A7
San Benedetto ❍ 121, D10
San Cassiano ❍ 120, C12
San Faustino ❍ 118, C6
San Felice del Benaco ❍ 118, A8
San Fermo Δ 118, B8
San Francesco ★ 117, E2
San Giacomo ❍ 117, E4
San Giorgio ★ 117, E2
San Giorgio in Salior ❍ 121, F11
San Giovanni ★ 117, D3
San Giovanni ❍ 117, E1
San Martino ❍ 118, A6
San Martino della Battaglia ❍ 120, C11
San Michele ❍ 116, B4
San Pietro ★ 120, C10
San Vigilio ★ 120, B12
San Zeno di Montagna ❍ 119, D7
San Zeno ❍ 120, C10
Sandrà ❍ 121, F10
Sano ❍ 117, F3
Santa Lucia ❍ 121, F12
Santa Maria di Lugana ★ 121, D10
Sasso ❍ 118, C6
Sedena ❍ 120, A10
Selva Alta ▲ 118, A7
Sermerio ❍ 116, C4
Sermerio ❍ 119, D5
Serniga ❍ 118, A7
Sirmione ❍ 120, C10
Soiano del Lago ❍ 120, B9
Solarolo ❍ 120, B9
Solferino ❍ 120, C12
Sommavilla ❍ 119, E5
Sompriezzo ❍ 116, C4
Sorne ❍ 117, F4
Spiazzi ❍ 119, F7
Stáffolo ❍ 120, C12
Strada ❍ 116, A2
Stravino ❍ 117, F1

T
T. Campione ~ 116, B4
T. Fanale ~ 116, C3
T. Tasso ~ 119, E8
Terzago ❍ 120, A9
Tezze ❍ 120, A12
Tiarno di Sopra ❍ 116, A2
Tiarno di Sotto ❍ 116, B2
Tierno ❍ 117, F3
Tignale ❍ 119, D5
Tofino ▲ 116, C1
Torbole ❍ 117, E3
Torri del Benaco ❍ 119, D8
Toscolano ❍ 118, C7
Tovo ❍ 117, D1
Tremósine ▲ 116, C4
Trescino ❍ 118, B7
Turano ❍ 118, B5

V
V. di Bondo ▲ 116, B4
Vaccarolo ❍ 120, C11
Val Degana ▲ 118, A7
Val di Bondone ▲ 116, A1
Val di Ledro ▲ 116, B3
Val di Lomasone ▲ 117, E1
Val di Sogno ❍ 119, F5
Valdòneghe ❍ 119, E8
Valeggio sul Mincio ❍ 121, E12
Valesana ❍ 121, F9
Valle d'Ampola ∞ 116, A3
Valle dei Concei ∞ 116, C2
Valle di S. Michele ∞ 116, B4
Valle di Vesta ∞ 118, A6
Valle Toscolano ∞ 118, B6
Valténesi ∞ 120, A10
Valvestino ❍ 118, B5
Varone ❍ 117, D2
Venturelli ❍ 121, F12
Vesio ❍ 116, C4
Vesta ❍ 118, A5
Vigne ❍ 117, E2
Vigo ❍ 117, F1
Villa ❍ 118, A8
Villanova ❍ 119, E7
Ville di Monte ❍ 117, D2
Vittoriale degli Italiana ★ 118, B7
Voltino ❍ 116, C4
Vorbano ❍ 118, A7

Z
Zuino ❍ 118, C6
Zumiè ❍ 118, A5

Zeichenerklärung
❍ Orte
Δ Kap, Insel
▲ Gebirge
~ Gewässer, Strand
∞ Landschaft
★ Sehenswürdigkeit
☆ Nationalpark

Hier finden Sie alphabetisch aufgeführt alle in diesem Band beschriebenen Orte und Ziele, Routen und Touren. Bei einzelnen Sehenswürdigkeiten steht jeweils der dazugehörige Ort in Klammern, bei Hotels steht zusätzlich die Abkürzung H für Hotel. Außerdem enthält das Register wichtige Stichworte sowie alle MERIAN-TopTen und MERIAN-Tipps dieses Reiseführers. Wird ein Begriff mehrfach aufgeführt, verweist die **fett gedruckte** Zahl auf die Hauptnennung im Band, eine *kursive* Zahl verweist auf ein Foto.

A
Al Cor 28
Aqua Paradise Park 31
Agriturismo 13
Angeln 27
Annunzio, Gabriele d' 82
Anreise 108
Antiquarium (Sirmione) 68
Apartments 13
Arco 39, *39*
Assenza 51
Auskunft 110
Autofahren 108, 114
Autorundfahrten 96, 97
Autosafari 31

B
Bahnverbindungen 109
Baia delle Sirene 28
Balcone del Garda 57
Banken 110
Bardolino 18, **59**, *59*, *63*
Bastione (Riva) 36
Bauernmuseum (Canale di Tenno) 40
Bezzecca 98
Biacesa 98
Bocca dell'Ussol 98
Bogliaco *22*, 88
Boiola-Quellen (Sirmione) 72
Borghetto 67
Brenzone 51
Buchtipps 111
Busverbindungen 109, 114

C
Camping 13
Campione del Garda 93
Canale di Tenno 40
Cáneva 59
Casa Alberti *42*, 43
Casa Beust 43
Cascata del Varone (MERIAN-TopTen) 41
Cassone 51
Castelletto 51
Castello 51
Castello di Malcésine 48, *50*
Chiesa dell'Inviolata (Riva) 37
Chiesa di Santa Maria dell'Assunta (Riva) 36, **37**
Cisano 60, **81**
Concei-Tal 98
Convento dei Cappuccini (Salò) 78
Costermano 56

D
Desenzano 8, **71**, *71*, *72*
Diplomatische Vertretungen 110

E
Einkaufen 20
El Casel 43
Enguiso 98
Entfernungstabelle 109
Eremo di Rocca 56
Eremo dei SS. Benigno e Caro 51
Essdolmetscher 106
Essen und Trinken 14

F
Fährverbindungen 114
Fahrräder 27, 114
Familientipps 30
Fasano del Garda 8, **81**
Feiertage 111
Felsenzeichnungen (Monte Luppia) 56
Ferienapartments 13
Fernsehen 111
Feste 23
Flugverbindungen 110
Fondazione André Heller (Gardone Riviera) 82
Fonte Boiola 67
Free-Climbing 27
Fremdenverkehrsämter 110
Funivia Monte Baldo (Malcésine, MERIAN-Tipp) 51

G
Garda 6, **51**
Gardaland 13, *30*, **31**
Gardaland Resort (R, Castelnuovo del Garda) 13
Gardola 96
Gardone Riviera 6, 8, *8*, **82**
Gargnano 7, **88**, *89*
Gassen (Garda) 53
Gaverdina-Gipfel 98
Geld 111
Geschichte 102
Getränke 14
Golf 27
Golfhotel Palazzo Arzaga (H, Carzago, MERIAN-Tipp) 29
Grotte di Catullo (Sirmione, MERIAN-TopTen) 31, **67**, *67*

H
Hochebene von Tignale 93
Hochplateau von Tremòsine 93, 96
Hotels 12
Hotel Paradiso (H, Tremósine, MERIAN-Tipp) 93

I
Il Mondo di Càneva 59
Informationen 100
Internet 111
Isola di Garda 83

J
Jugendherberge 13

K
Kinder 30
Klettern 27
Konsulate 111

L
La Tortuga (R, Gargnano, MERIAN-Tipp) 17
Lago d'Idro (MERIAN-Tipp) 86
Lago di Valvéstino (MERIAN-Tipp) 86
Lazise 63
Ledro-See 8, 97, *97*
Ledro-Tal 97
Leihwagen 114
Lenzumo 98
Lesetipp 111
Lessinische Berge 7
Limone 7, *32/33*, **90**
Lumar-Tal 98
Lungolago (Garda, MERIAN-TopTen) 53

M
Maderno 85
Madonna del Carmine (San Felice del Benaco) 84
Madonna del Frassino 72
Madonna della Corona (Spiazzi, MERIAN-Tipp) 58
Madonna di Monte Castello 93
Magugnano 51
Malcésine *46*, 47
Manerba del Garda 83
Marmitte dei Giganti 45
Marniga 51
Mezzolago 97
Molina di Ledro 8, **97**
Mondo di Càneva 59
Moniga del Garda 83
Monte Altissimo di Nago **45**, 99
Monte Baldo 7, **39**, 60, 93, 99, *99*
Monte Brione 57
Monte Luppia 38
Monte Maggiore 99
Monte Tignale 93
Mountainbike-Fahren 27
Mountainbike-Verleih 27, 114
Movieland Studios (Lazise) 31
Museo Castello (Malcésine) 48
Museo Civico (Riva) 37
Museo Civico Archeologico (Salò) 79
Museo del Garda e del Baldo (Malcésine) 48
Museo del Nastro Azzuro (Salò) 79
Museo del Vino (Bardolino) 61
Museo dell'Olio (Cisano) 60

N
Nago 45
Nebenkosten 110
Notruf 111

O
Orto Botanico (Novezzina) 51
Orto Botanico Ghirardi (Toscolano) 86

P
Palazzetto al Ponte (Garda) 53
Palazzo Arzaga (H, Carzago, MERIAN-Tipp) 29
Palazzo dei Capitani (Garda, MERIAN-Tipp) 52, *53*
Palazzo dei Capitani del Lago (Malcésine) 48, **49**
Palazzo del Podestà (Salò) 78
Palazzo della Magnifica Patria (Salò) 78
Palazzo Feltrinelli (Gargnano) 89
Palazzo Fregoso (Garda) 53
Palazzo Gonzaga (Toscolano) 86
Palazzo Losa (Garda) 53
Palazzo Martinengo (Salò) 78
Palazzo Municipale (Riva) 36, **37**
Paradiso (H, Tremósine, MERIAN-Tipp,) 93
Paragliding 27
Parco Faunistico 31
Parco Giardino Sigurtà (Valeggio sul Mincio) 73
Parco Natura Viva 31
Parco Safari 31
Passo Campiano 99
Peschiera del Garda 72
Pfahlbauten-Museum (Molina di Ledro) 40
Piazza III Novembre (Riva) 37
Piccolo Mondo (H, Torbole, MERIAN-Tipp) 45
Pieve 93, **96**, *96*
Pieve di Ledro 97
Pini-Sabbionistrand 28
Ponte Visconti (Borghetto, MERIAN-TopTen) 70
Porto 51
Post 112
Prè 97
Pregàsina 41
Pregasio 96
Preisermäßigung 112
Punta del Telégrafo 99
Punta San Vigilio (MERIAN-TopTen) 56, *57*

R
Reisedokumente 112
Reiseknigge 112
Reisewetter 109
Reiten 28
Rimblazello 28
Riva 6, *34*, **35**, *36*, *40*, 97
Riviera dei Limoni 77
Riviera degli Olivi 46
Rocca (Riva, MERIAN-TopTen) 37
Rocca di Garda 57
Römische Badevilla (Desenzano) 71
Routen 94, 96, 97, 99
Rundfunk 112

S
Safari-Park 31
Salò 8, *12*, *76*, **77**, *78*, *80*
San Benedetto (Limone) 91
San Felice del Benaco 84
San Francesco (Gargnano) 89
San Martino della Battaglia 73
San Michele 84
San Niccolò (Lazise) 63
San Pietro (Solferino) 73
San Pietro in Mavino (Sirmione) 68
San Pietro in Oliveto (Limone) 91
San Rocco (Limone) 91
San-Romuald-Kirche (Eremo) 56
San Severo (Bardolino) 60
San Vigilio-Kapelle (Punta San Vigilio) 56
San Zeno (Bardolino) 60
San Zeno di Montagna 57
Sant' Andrea (Maderno) 87
Sant' Andrea (Torbole) 43
Santa Maria (Garda) 53
Santa Maria Annunziata (Salò, MERIAN-TopTen) 78
Santa Maria della Disciplina (Bardolino) 60
Santa Maria Maddalena (Desenzano) 71
Santa Maria Maggiore (Sirmione) 67
Santi Nicolò e Severo (Bardolino) 60
Santi Pietro e Paolo (Torri del Benaco) 58
Santi Pietro e Paolo (Toscolano) 87
Santo Stefano (Garda) 53
Santo Stefano (Malcésine) 48
Scaligerburg (Malcésine, MERIAN-TopTen) 48, *50*
Scaligerburg (Sirmione, MERIAN-TopTen) *64*, 68, *69*
Scaligerburg (Torri del Benaco, MERIAN-TopTen) 58
Scaligerkastell (Lazise) 63
Schauderterassen (Pieve, MERIAN-TopTen) 96
Schiffsverbindung 114
Seeuferstraße 7
Segeln 28
Sermerio 96
Serniga 84
Sirmione *4/5*, 6, **65**
Soldatenfriedhof (Costermano) 56
Solferino 73
Spezialitäten 14
Sport 26
Sprachführer 104
Strada del Vino 59
Strände 28
Stromspannung 113
Surfen 28

T
Telefon 113
Terme di Sirmione (Sirmione, MERIAN-Tipp) 70
Thermalauskunft 70
Tiere 113
Tiergarten 31
Tignale **93**, 96
Tocai del Garda 18
Torbole 41, *44*, *74*, *100*
Torre Apponale (Riva) 37
Torri del Benaco 57
Tortuga (Gargnano, MERIAN-Tipp) 17
Toscolano-Maderno 85
Touren 94, 96, 97, 99
Tremósine **93**, 96
Trinkgeld 15

U
Unterkünfte 12

V
Val di Ledro 97
Valpolicella 18
Valeggio sul Mincio *16*, 73
Valténesi 84
Varone-Wasserfall (MERIAN-TopTen) 41
Verkehrsverbindungen 114
Villa Alba (Gardone Riviera) 82
Villa Albertini (Garda) 53, *54*
Villa Bettoni (Bogliaco) *87*, 88, *88*
Villa Canossa (Garda) 54
Villa del Sogno (Fasano, MERIAN-TopTen) 82
Villa Fiordaliso (R, Gardone Riviera, MERIAN-Tipp) 83
Villa Guarienti di Brenzone (Punta San Vigilio) 56
Villa Nonii-Arii (Toscolano) 87
Visconti-Brücke (Borghetto, MERIAN-TopTen) 70
Vittoriale degli Italiani (Gardone Riviera, MERIAN-TopTen) 82, *84*

W
Wandern 29
Wanderungen 97, 99
Wasserburg der Scaliger (Sirmione) 68
Weine 18
Wetter 112

Z
Zitronengärten (Limone) 90
Zoll 114
Zoo 31
Zugverbindungen 109

Inhalt

4 **Der Gardasee stellt sich vor**
Interessantes rund um Ihr Reiseziel

10 **Gewusst wo ...**
Die besten Tipps und Adressen der Region

12 **Übernachten**
Vom Campingplatz bis zum Luxushotel

14 **Essen und Trinken**
Schlemmen rund um den Gardasee

20 **Einkaufen**
Ein Fest für die Sinne

22 **Feste und Events**
Fischer-, Wein- und Strandfeste

26 **Sport und Strände**
Paradies für Aktivurlauber

30 **Familientipps – Hits für Kids**
Alles andere als Langeweile

32 **Unterwegs rund um den Gardasee**
Kompakte Beschreibungen aller wichtigen Orte und Sehenswürdigkeiten mit vielen Freizeit- und Kulturtipps

34 **Der Norden**
Surfparadies, eingerahmt von Bergen

46 **Das Ostufer**
Weite Olivenhaine und flaches Seeufer

64 **Der Süden**
Königin des Südufers: der Ort Sirmione

74 **MERIAN-Spezial**
Adrenalinkick mit Seeblick

76 **Das Westufer**
Das weltweit nördlichste Anbaugebiet von Zitrusfrüchten

MERIAN-TopTen
Höhepunkte am Gardasee, die Sie unbedingt sehen sollten
⟵ S. 1

MERIAN-Tipps
Tipps und Empfehlungen für Kenner und Individualisten
S. 128 ⟶

Erläuterung der Symbole

Für Familien mit Kindern besonders geeignet

Diese Unterkünfte haben behindertengerechte Zimmer

In diesen Unterkünften sind Hunde erlaubt

CREDIT *Alle Kreditkarten werden akzeptiert*

Keine Kreditkarten werden akzeptiert

Preise für ein Doppelzimmer mit Frühstück in der Hauptsaison Mai bis September:

●●●● *ab 200 €* ●● *ab 90 €*
●●● *ab 150 €* ● *bis 90 €*

Preise für ein Menü mit Vorspeise und Desert (ohne Getränke):

●●●● *ab 50 €* ●● *ab 20 €*
●●● *ab 35 €* ● *bis 20 €*

Gardasee

Pia de Simony
überarbeitet von Jenny John

MERIAN-TopTen

Höhepunkte, die Sie unbedingt sehen sollten

1 Die schönsten Burgen am Gardasee
Die Königin der Wasserburgen thront in Sirmi… sind auch die … Malcésine, die … del Benaco un… von Riva (→ S. …

2 Cascata del Var…
Ein überwältiger… erlebnis bietet der Wasserfall von Varone (→ S. 41).

3 Lungolago in Garda
Fla…ieren, flirten, faulenzen: Auf der Seepromenade von Garda lässt sich das »süße Leben« genießen (→ S. 53).

4 Punta San Vigilio
Auf dieser idyllischen Landzunge verbringt man schöne Stunden (→ S. 56).

5 Grotte di Catullo
Sehenswert: die malerische Ruinenlandschaft einer altrömischen Luxusvilla (→ S. 67).

6 Ponte Visconti
Die … Brücke führt … im südlich ge… …o (→ S. 70).

7 …nziata
… erstrahlt … am Gardasee … in altem Glanz (→ S. 78).

8 Villa del Sogno in Fasano
Spektakulärer Seeblick und luxuriöses Wohnen in einer Belle-Époque-Villa (→ S. 82).

9 Vittoriale degli Italiani
Der Besitz des exzentrischen Dichters d'Annunzio ist eine, wenn auch umstrittene, Sehenswürdigkeit (→ S. 82).

10 »Schauderterrassen« in Pieve di Tremósine
Atemberaubend ist der Ausblick auf fast 350 Meter hohe, steil abfallende Felsen von den »Schauderterrassen« des Restaurants Miralago (→ S. 96).

MERIAN-Tipps ⋯›
finden Sie auf Seite 128